U0878382

我们的节日

清明

節

冯骥才◉主编
中国民间文艺家协会◉编

黄河出版传媒集团
宁夏人民教育出版社

目录

总　序

我们共同的日子

冯骥才

个人一年一度最重要的日子是生日，大家一年一度最重要的日子是节日。节日是大家共同的日子。

节日是一种纪念日，内涵却多种多样。有民族的、国家的、宗教的，比如国庆节、圣诞节等等；有某一类人如妇女、儿童、劳动者的，这便是妇女节、儿童节、母亲节、劳动节等等；也有与生产生活密切相关的，这类节日都很悠久，很早就有了一整套人们喜闻乐见、代代相传的节日习俗。这是一种传统的节日。比如，春节、元宵节、清明节、端午节、中秋节、重阳节等等。传统的节日为中华民族所共用和共享。

传统节日是在漫长的农耕时代形成的。农耕时代生产与生活、人与自然的关系十分密切。人们或为了感恩于大自然的恩赐，或为了庆祝辛苦的劳作换来的收获，或为了激发生命的活力，或为了加强人际的亲情，经过长期相互认同，最终约定俗成，渐渐把一年中某一天确定为节日，并创造了十分完整又严格的节俗，如仪式、庆典、规制、禁忌，乃至特定的游艺、装饰与食品，来把节日这天演化成一个独具内涵与情氛的迷人的日子。更重要的是，人们在每一个传统的节日里，还把共同的生活理想、人间愿望与审美追求融入节日的内涵与种种仪式中。因此，它是中华民族世间理想与生活愿望极致的表现。可以说我们的传统——精神文化传统，往往就是依靠这代代相传的一年一度的节日继承下来。

然而，自从20世纪整个人类进入了由农耕文明向工业文明的过渡，农耕时代形成的文化传统开始瓦解。尤其是我国，在近百年由封闭走向开放的过程中，节日文化——特别是城市的节日文化受到现代文明与外来文化的冲击。当下人们已经鲜明地感受到传统节日渐行渐远，日趋淡薄，并为此产生忧虑。传统节日的淡化必然使其中蕴含的传统精神随之涣散。然而，人们并没有坐等传统的消失，主动和积极地与之应对。这充分显示了当代中国人在文化上的自觉。

近五年，随着中国民间文化遗产抢救工程的全面展开，国家非物质文化遗产名录申报工作一浪高过一浪的推行；2006年国家将每年6月的第二个周六确定为“文化遗产日”；2007年国务院又决定将春节假期前调一天，把除夕列为法定放假日，同时三个中华民族的重要节日——清明节、端午节和中秋节也法定放假。这一重大决定，表现了国家对公众的传统文化生活及其传承的重视与尊重，同时这也是保护节日文化遗产十分必要的措施。

节日不放假必然直接消解了节日文化，放假则是恢复节日传统的首要条件。但放假不等于远去的节日立即就会回到身边。节日与假日的不同是因为节日有特定的文化内容和文化形式。那么重温与恢复已经变得陌生的传统节日习俗则是必不可少的了。

千百年来，我们的祖先从生活的愿望出发，为每一个节日都创造出许许多多美丽又动人的习俗。这种愿望是理想主义的，所以节日习俗是理想的；愿望是情感化的，所以节日习俗也是情感的；愿望是美好的，所以节日习俗是美的。人们用烟花爆竹，惊骇邪恶，迎接新年；把天上的明月化为手中甜甜的月饼，来象征人间的团圆；在严寒刚刚消退、万物复苏的早春，赶到野外去打扫墓地，告慰亡灵，表达心中的缅怀，同时戴花插柳，踏青春游，亲切地拥抱大地山川……这些诗意化的节日习俗，使我们一代代人的心灵获得了多么美好的安慰与宁静？

谁说传统的习俗全过时了？如果我们不曾知道这些习俗，就不妨去重温一下传统。重温不是模仿古人的形式，而是用心去体验传统的精神与情感。

当然，习俗是在不断变化的，但我们民族的传统精神是不变的。这传统就是对美好生活不懈的追求，对大自然的感恩与敬畏，对家庭团圆与世间和谐永恒的企望。

这便是我们节日的主题。我们为此而过节。

由此，我们便有了编写此书的初衷。在刻下恢复传统节日之际，将各个时代各个地域的传统节俗收集起来，供大家了解。有的久已废弃，且从中可以体味到古人的用心；有的至今还沿用，则使我们更明了它的意蕴与初衷；有的尚可采纳，不妨摹习，恢复传统，丰富节日。每节一册，以应时节；配图插画，为了直观。由于时间仓促，疏漏错误在所难免，敬希诸位明白人多多指正，以便不断修正和完善，使之成为一本普及传统节日文化工具性的小书。本书的目的，是为了大家过好我们的节日，保持民族优良的文化传统。为了今天，更为了明天。

2008.3.20

话说

清明节是中华民族传统节日之一。清明节的文化内涵传承着中华民族独特的精神与情感。我国节日文化丰富多彩，不同的节日有不同的文化、精神、情感的指归。节日是历史的、传承的、集体的文化行为，所以，节日一般都有“狂欢”的或集体无意识的文化底色，但节日因时序不同，发生不一，又各自承载着不同的理想寄托，抒发着人们丰富情感中的某一种“深刻的片面”的情怀。

清明节是我国传统节日中独具个性和特色的节日。

清明节在汉民族的数个大节日中是绝无仅有的以二十四节气之一为节日徽记的全民性大节日。

《论语·学而》曾子曰：“慎终追远，民德归厚矣。”所谓慎终者，丧尽其

上 古人描绘的草色青青柳色新的春景

哀；追远者，祭尽其敬。民风因此厚道。我国清明节历经数千年传承，可以说是最能体现这一文化品格的节日。清明节的时间按我国传统农历计，是在冬至后第一百八天，也就是公历的每年4月5日前后。当是时，天朗气清，惠风和畅，万物复苏，春暖花开。所以，传统的清明节就成为一个以扫墓祭祖、郊游踏春两大文化为主题的节日。在清明节时，人们要拜扫祖先坟茔，为祖坟添新土，插新枝，上祭品，焚香烧纸，叩拜先人；同时，人们要种瓜种豆种树，走到郊外，游览春光，纵情饮酒，歌舞游戏竞技。清明节是强化民族记忆的节日，清明节是感悟生命、享受春光、愉悦身心的节日。这是一个悲喜交集的节日，也是一个理性与感性统一、历史与现实融汇的节日。

扫墓习俗，古已有之，见于典籍，可达周代。汉代王充《论衡·四讳》曰：“古礼庙祭，今俗墓祀。”东汉应劭《汉官仪》也云：“古不墓祭，秦始皇起寝于墓侧，汉因而不改。诸寝以晦望、二十四节气、三伏、社腊及四时上饭。”可见古人扫墓上坟，一年四时屡次多有，其中二十四个节气都是要按例行事的。清明时节也当拜扫。其实，即使现在，人们也是在多个时节、多种场合都要用不同方式祭祖的。

“清明”作为节气之名，在春秋战国时代的典籍中就屡有所记。《逸周书·时训》载：“清明之日，桐始华。”《管子·幼官》云：“清明，发禁。”汉刘安《淮南子·天文训》曰：春分后十五日，“斗指乙，则清明风至”。此外，清明风是“八面来风”之一，是为东南风。八面风指东风、南风、西风、北风，以及东南风、东北风、西南风、西北风。这八种风又名明庶风、景风、阊阖风、广莫风、条风、清明风、不周风、凉风。清明风是冬至后吹四十五天条风和四十五天明庶风后的暖爽之风。因“万物生长此时，皆清洁

清明的诗情画意

而明净。故谓之清明”。这是清明作为节气得名的原始。

“清明”是二十四节气之一。二十四节气是我国古代表示一年十二个月中气候变化和农事调整的方法，早在周代就已实行，以后逐渐完善直至形成二十四节气。古代将每月分为两个“节气”，两个“中气”，节气十二个，中气十二个，合为二十四节气。至西汉刘安《淮南子》所载，二十四节气即已全备。我国著名气象学家竺可桢（1890～1974）说：“四季之递嬗，中国知之极早，二至二分，已见于《尚书·尧典》，即今日之春分、秋分、夏至、冬至是也。降及战国、秦、汉之间，遂有二十四节气之名目。所谓二十四节气者，即立春、雨水、惊蛰、春分、清明、谷雨、立夏、小满、芒种、夏至、小暑、大暑、立秋、处暑、白露、秋分、寒露、霜降、立冬、小雪、大雪、冬至、小寒、大寒是也。自立春至立夏为春，自立夏至立秋为夏，自立秋至立冬为秋，自立冬至立春为冬，每季分三气、三节，每月定一气、一节。四季之安排，法莫善于此者，此所以宋儒沈括赞扬于先，而今日气象学家泰斗英人萧伯纳氏提倡欧美之采用此法也。”

上 清明是春天的节日

中国民间为便于记忆、传播、行事，用歌谣编排二十四节气云：“春雨惊春清谷天，夏满芒夏暑相连。秋处露秋寒霜降，冬雪雪冬小大寒。”作为节气的清明是在冬至后第一百八天，共有十五天。所以唐代诗人杜牧的名诗说，“清明时节雨纷纷”，可以说既指清明节，也指的是清明节气。这也是以“清明”时段为名称的清明节，何以在历史演进中逐渐将此前此后的寒食节、上巳节最终都汇于一炉、收入囊中的天时的原因。清明时节首先是春耕春种的大忙时节。“清明前后，种瓜种豆。”“清明谷雨两相连，浸种耕田莫迟延。”“清明忙种麦，谷雨种大田。”“植树造林，莫过清明。”这些农谚就真切地反映了清明节气的农事意义。

清明时节雨纷纷（江苏桃花坞木版年画）

由于清明节气是在冬至后一百八天，这与传统的寒食节时间相近，节气与节日便逐渐合为一体。南北朝梁人宗懔《荆楚岁时记》云：“去冬节一百五日，即有疾风甚雨，谓之寒食，禁火三日，造饧大

古代木刻画《寒食》

麦粥。”一直到宋代，宋人吴自牧《梦粱录》依然记载道：“寒食第三日即清明节，每岁禁中命小内侍于阁门用榆木钻火，先进者赐金碗绢三匹，宣赐臣寮巨烛。”古代寒食节最长可达一个月。所以，寒食节与清明节合并也就在所难免。

寒食节的文化母题是禁火与冷食。

禁火与远古人类的火崇拜相关。我国也是人类最早发明和使用火的国度之一，早在百万年前的元谋猿人遗址就有用火的

上 山西介休绵山介子推塑像

遗迹；数十万年前的周口店猿人也是用火的行家；直到解放初期，我国东南、西南一些少数民族还在沿用着远古的钻木取火技术。许多民族至今还年年举办盛大的火把节。周代时，古代先民推行因季节不同，用不同的树木钻火，形成换季改火之礼俗。《周礼·夏官·司爟》云：“司爟，掌行火之政令，四时变国火，以救时疾。”郑玄注引鄹子曰：“春取榆柳之火，夏取枣杏之火……秋取柞楢之火，冬取槐檀之火。”旧火换新火，要行禁火。《周礼·秋官·司烜》：“中春以木铎修火禁于国中。”为季春将出火也。禁火期，要备冷食。唐代皇帝还要在清明的时候举行隆重的“清明赐火”典礼，把新的火种赐给群臣，以示爱民。唐代诗人韩翃的这首名诗就状写了这一场景：“春城无处不飞花，寒食东风御柳斜。日暮汉宫传蜡烛，轻烟散入五侯家。”

节日是一种文化，文化现象需要传说来予以阐释。中国在传说历史化和历史传说化两方面都有悠久的历史传统。自东汉周斐《汝南先贤传》已明确记载民间已将介子推故事与焚火习俗相提并论。其曰：“介子推以三月三日自燔，后成禁火之俗。”西晋孙楚《北堂书钞·祭介子推文》“至三月清明，断火寒食，其至先后一月”。介子推是春秋时期晋国人，其生平记述最早见于《左传》。据载，大约公元前655年（周惠王二十二年，晋献公二十二年），晋献公宠妾骊姬为给自己的儿子奚齐争太子位，逼死太子申生，又危及申生的异母弟公子重耳。重耳流亡，介子推追随重耳流亡他乡，在外十九年，其间，介子推在重耳饿极之时，悄悄割下自己股肉给重耳充饥，重耳知后感动莫名。但后来，重耳在秦国的帮助下回国即位，

山西介休绵山介公墓神道

是为晋文公，却在封赏群臣时，落下了介子推。介子推偕母出走，隐居绵上山中。传说有人据此写《龙蛇歌》讽谏其事，晋文公幡然有悟，率领文武人员上绵山寻访介子推。寻访不得，有人向晋文公建议，介子推是大孝子，如果放火烧山，三面着火，一面留生，介子推一定会与母亲出山。晋文公依计烧山，终不见介子推母子，结果母子抱树烧死。晋文公追悔莫及，于是将绵上田封为介推田。此事《左传》有载，屈原在其《九章·惜往日》中曰："介子忠而立枯兮，文君寤而追求。封介山而为之禁兮，报大德之优游。思久故之亲身兮，因缟素而哭之！"自此以降，历代帝王将相、文人贤士都留有诗文歌吟介子推。现今在山西省晋中市介休市的绵山上，还有大量传说、碑刻、古迹，纪念与缅怀介子推。绵山现存介公墓、神道、介公祠、龙凤村洁惠侯庙、子常洞、超凡洞、忌坂、鱼龟（子归）山、大小烧林、哀号坡、足下亭、思烟台、白鸦山、慑神崖等。唐代诗人卢象有《寒食》诗曰："子推言避世，山火遂焚身。四海同寒食，千秋为一人。"王昌龄《寒食即事》诗曰："晋阳寒食地，风俗旧来传。雨灭龙蛇火，春生鸿雁天。泣多流水涨，歌发舞云旋。西见之推庙，空为人所怜。"

据传介子推母子烧死在一棵大柳树下，晋文公于是将烧焦的树干做成木屐"朝夕相随，终身不离"，第二年还孝服登山祭奠介子推，见柳树死而复生，绿枝千条，于是折柳枝戴于头上，并赐该柳树为"清明柳"，定清明为清明节。晋文公在封绵山为"介推田"时，还下令晋国官民在介子推忌日禁火，此间只能吃寒食。禁火寒食于是相沿成习。

首先是介子推的事迹附会在了寒食节之中，其次是寒食节融汇于清明节之中。这两次文化变迁，大约在唐代已经全部完成。介子推的事迹在古代中国统治者和文人士大夫的眼中是具有楷模价值的。他忠君忠国，有大勇大德；刚烈而至孝，义节过人，宠辱不惊，视嗟来之食如粪土。这些都是古代人推崇的品行。所以，寒食节纪念介子推，清明节祭扫介子推，使寒食清明加速合并，平添了丰厚的文化内涵，增强了文化魅力。有唐一代，皇族李氏虽出身于陇西，但起事与成事都在太原一带。太祖李渊自隋大业十一年往山西为河东黜陟讨捕，十三年为太原留守，起兵反隋时在太原，入关三万精兵，招募于太原，如今在绵山还留下了丰富的李渊、李世民父子起兵兴唐和祭奠介子推的传说与古迹。介子推的传说与节日在唐代得到进一步推行就不足为奇了。

寒食节的饮食是古代各种传统节日中最具特色和象征的。从《荆楚岁时记》中的“禁火三日，造饧大麦粥”到陆翙《邺中记》“寒食三日作醴酪。又煮粳米及麦为酪，捣杏仁，煮作粥”。最具纪念意义的是寒燕和子推燕，即“蒸白面鸟与儿童戏，名曰‘寒燕’。蒸寒食点心，可入药”。所谓“多做寒燕儿，以供儿女之嬉玩”。民国23年《归绥县志》记曰：“清明前一日，曰寒食。蒸面为白鸟状，馈亲属小儿，曰送寒燕。清明日，上坟。”民国25年的《武川县志略》也记：“清明节，家家均制面质寒鸦，互送亲友，以示纪念介子推火焚绵山之意，笑传闻此种面鸦可治泄疾。”有的地方清明节吃的是“子推馍”。

此外，各地清明节食品还有：清明果、润饼菜、冷食团子、青团子、香椿芽拌面筋、嫩柳叶拌豆腐、煮蛋、画蛋、冷饽饽、冷高粱米饭、野菜馅饺子等等。

清明节的又一文化元素与文化整合，

四月流觞　选自清《十二月令图轴》

竹林七贤图

是三月三上巳节的加盟。

上巳节是古代农历三月三日举行的，主要风俗是踏春、祓禊（fú xì，临河洗浴，以祈福消灾）。早在周代就有水滨祓禊之俗，《诗经·郑风·溱洧》描写了这种场景："溱与洧，方涣涣兮，士与女，方秉蕳兮。女曰：'观乎？'士曰：'既且。'且往观乎？洧之外，洵訏且乐。维士与女，伊其相谑，赠之以勺药。"后人对此诗注解时认为："郑国之俗三月上巳之辰于溱与洧两水之上，招魂续魄，拂除不祥，故诗人愿与所说者俱往观也。"《论语》也记载了类似活动："暮春者，春服既成，冠者五六人，童子六七人，浴乎沂，风乎舞雩，咏而归。"《后汉书·礼仪志》载："上巳，官民皆絜于东流水上，曰'洗濯祓除'，去宿垢疢，为大絜。絜者，言阳气布畅，万物讫出，始絜之矣。"

古代上巳节主要的文化内容有：

曲水流觞。即将酒杯放入水中，随波沉浮。《尔雅·释天》有"祭川曰浮

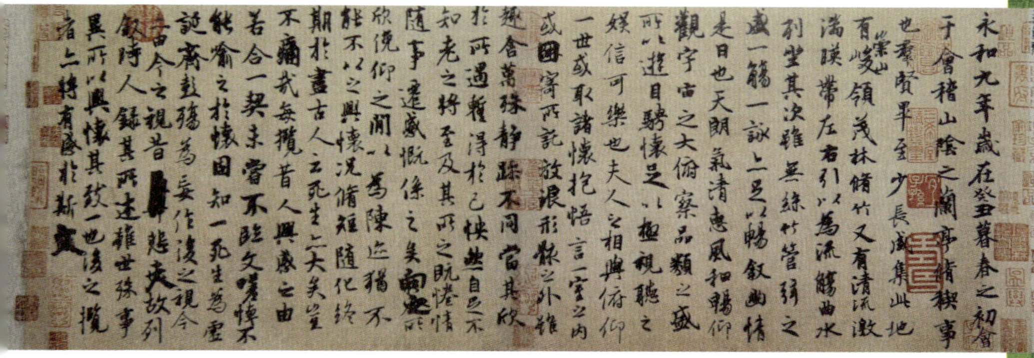

上 兰亭集序　东晋 · 王羲之

沉”。梁 · 吴均《续齐谐记》谓：“昔周公成洛邑，因流水以泛酒，故逸诗云：羽觞随波。又秦昭王以三日置酒河曲，见有金人出，奉水心剑曰：‘令君制有西夏。’及秦霸诸侯，乃因此处，立为曲水祠。二汉相缘，皆为盛集。”可见，曲水流觞原来是一种水上祭祀。

沐浴。即“禊濯”其中含有求生、求子，男女相会的情景。《史记 · 殷本纪》所载“简狄吞卵”即此。其文曰：“殷契，母曰简狄，有娀氏之女。为帝喾次妃。三人行浴，见玄鸟堕其卵，简狄取吞之，因孕生契。”

踏春、采摘、观赏、祭祀。以“秉兰”为主，还可采摘莲荷、芣苢、卷耳等。兰多生于水边，故溱洧士女，秉之以祓禊也。古代兰草还可作为酒的香料，用于祭祀。上巳节在魏晋时候，由于文人放浪不羁的魏晋风度的时尚性缘故，已经大大的世俗化、娱乐化、踏青化。著名的书法家王羲之《兰亭集序》就记载与反映了“修禊事也”。文中所记有“群贤毕至，少长咸集”，“流觞曲水”，“一觞一泳”。至唐代，上巳节携酒出游、踏青聚饮风靡一时。杜甫《丽人行》诗曰：“三月三日天气新，长安水边多丽人。”同是唐代诗人刘商的诗《上巳日两县寮友会集时主邮不遂驰赴辄题以寄方寸》曰：“踏青看竹共佳期，春水晴山祓禊词。独坐邮亭心欲醉，樱桃落尽暮愁时。”

一般认为，正是在唐代，清明、寒食、上巳完成了整合，逐渐统一在一个节

上 《清明上河图》（局部） 宋·张择端

日里。唐代诗人元稹的《寒食日》诗曰："今年寒食好风流，此日一家同出游。"唐代诗人王维《寒食城东即事》云："清溪一道穿桃李，演漾绿蒲涵白芷。溪上人家凡几家，落花半落东流水。蹴鞠屡过飞鸟上，秋千竞出垂杨里。少年分日作遨游，不用清明兼上巳。"唐代诗人柳中庸的《寒食戏赠》诗着重记述了节日的游

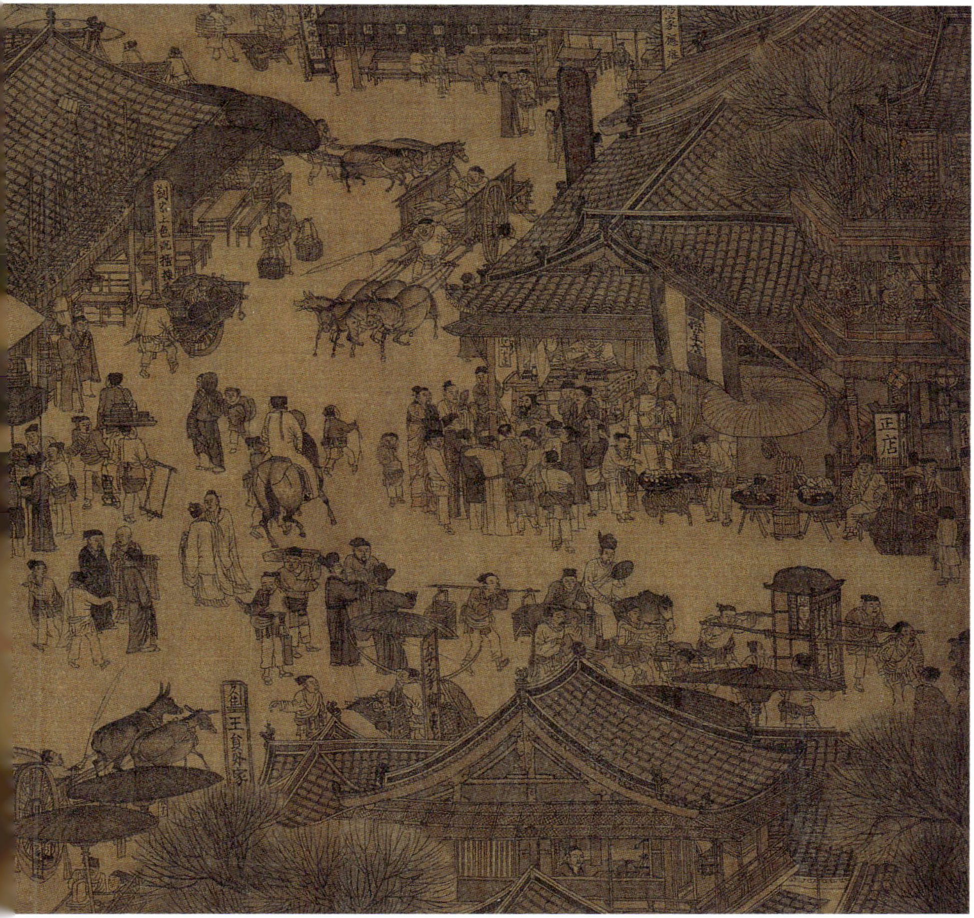

乐："春暮越江边，春阴寒食天。杏花香麦粥，柳絮伴秋千。酒是芳菲节，人当桃李年。不知何处恨，已解入筝弦。"宋代欧阳修《采桑子》词曰："清明上巳西湖好，满目繁华。争道谁家。绿柳朱轮走钿车。游人日暮相将去，醒醉喧哗。路转堤斜。直到城头总是花。"

上巳节的汇入大大加强了清明节的文

春日秋千 选自《月曼清游图册》清·陈枚

童戏斗草 （故宫博物院藏）

化内涵，许多传统的娱乐项目成为清明节的文化活动。古代清明节除踏青外，户外体育、竞技、娱乐活动主要有：放风筝、荡秋千、蹴鞠、击鞠、斗鸡、斗蛋、雕蛋、画蛋、斗草、拔河、采百草、曲水流觞、吟诗作画、画船箫鼓、丝竹管弦等等。古代书、诗、画家很早就关注到这一题材。除了前述王羲之《兰亭集序》外，隋代展子虔的《游春图》描画了游春景象。唐代画家张萱也绘有《虢国夫人游春图》、《虢国夫人踏春图》。宋代画家张择端更有传世名作《清明上河图》，描绘了京都清明时节的繁华景象。该图计有人物六百八十四位，牲畜九十六头，船舶二十五艘，各式建筑近百幢，蔚为壮观。宋代著名诗人苏轼的著名书法作品《寒食诗帖》也是不朽之作。明代《西湖游览志馀》，说述当年清明时节：“苏堤一带，桃柳阴浓，红翠间错，走索、骠骑、飞钱、抛钹、踢木、撒沙、吞刀吐火、跃圈、斛斗、舞盘，及诸色禽虫之戏，纷纷丛集。而外方优妓、歌吹、觅钱者，水陆有之，接踵承应。又有买卖赶趁，香茶细果，酒中所需。而采妆傀儡、莲船、战马、饧笙、鼗鼓、琐碎戏具，以诱悦童曹者，在在成市。是夜人家贴

‘清明嫁九娘，一去不还乡’之句于楹壁间，谓如此则夏无青虫扑灯之扰。”清代小说名著《红楼梦》对贾府清明活动也有十分详细的描述，特别对清明文娱活动有真实的再现。

大家知道，我国是一个多民族的国家，有五十五个少数民族分布在祖国各地。各少数民族也有丰富多彩的节日文化。在我国少数民族中，除相当一些民族与汉族一样过清明节外，许多民族还有自己独特的与清明节主题相近相类相似的节日。比如塔吉克族在春天的时候（公历3月22日至4月22日间）要举行引水节和播种节；比如许多民族都有自己的大型祭祖节日，如土家族的舍巴日，景颇族的目瑙纵歌等；比如祭火，彝族、白族、哈尼族、布朗族、普米族、纳西族、傈僳族、拉祜族、基诺族、仫佬族、仡佬族等都要过大型的火把节；比如沐浴仪式，藏族有沐浴节，傣族有泼水节；比如三月三节，农历三月三时，壮族、瑶族、仫佬族、毛南族、京族、黎族、畲族等要过歌节或“迎春节”或“祖先节”，节日里要踏春、娱乐、唱歌，也要祭祖。

清明节是一个凝聚民族情感、增强民族认同的节日。所以，在面临危机的时候，它能通过自身的文化仪式，激发民族精神和同仇敌忾的斗志。20世纪上半叶是中国历史上最为艰苦卓绝又灾难深重的时代。清明节于是成为一个时代的标志。1912年孙中山推翻帝制，就任中华民国大总统，同年清明，孙中山委派15人组成代表团专赴陕西祭黄帝陵。孙中山亲笔书写了《祭黄帝陵文》“中华开国五千年，神州轩辕自古传。创造指南车，平定蚩尤乱。世界文明，唯有我先”。1935年4月，中国国民党政府确定以清明节为“民族扫墓节”。1937年，在西安事变和平解决后，1月8日，中共中央发表了《为号召和平停止内战通电》，敦促蒋介石实行诺言，停止内战，一致抗日。1937年4月5日清明节，国共两党在黄帝陵举行共祭仪式，共祭中华民族祖先黄帝，号召全国团结抗战。国民党代表张继、顾祝同，共产党代表林伯渠，各携祭文祭拜黄帝陵，念诵祭文。共产党祭文由毛泽东同志手书，至今读来也令人精神为之一振。

毛泽东《祭黄帝陵文》全文如下：

维中华民国26年4月5日，苏维埃政府主席毛泽东，人民抗日红军总司令朱德恭遣代表林祖涵，以鲜花束帛之仪致祭于我中华民族始祖黄帝陵：

红军英烈的纪念与缅怀（一）（二）

赫赫始祖，吾华肇始；胄衍祀绵，岳峨河浩。

聪明睿智，光被遐荒；建此伟业，雄立东方。

世变沧桑，中更蹉跌；越数千年，强邻蓄德。

琉台不守，三韩为墟；辽海燕冀，汉奸何多！

以地事故，敌欲岂足；人执笞绳，我为奴辱。

懿为我祖，命世之英；涿鹿奋战，区宇以宁。

岂其苗裔，不武如斯；泱泱大国，让其沦胥。

东等不才，剑屦俱奋；万里崎岖，为国效命。

频年苦斗，备历险夷；匈奴未灭，何以家为。

各党各界，团结坚固；不论军民，不分贫富。

民族阵线，救国良方；四万万众，坚决抵抗。

民主共和，改革内政；亿兆一心，战则必胜。

还我河山，卫我国权；此物此志，永矢勿谖。

经武整军，昭告列祖；实鉴临亡，皇天后土。

尚飨。

这是一篇追怀祖先的祭文，更是一篇名垂千古的号召全民抗战、抵御外辱的檄文。三个月后，“七七事变”爆发，国共携手抗战，中国历史翻开了新的一页。1938年清明节，国共两党再次共祭黄帝陵。2007年清明节共祭黄帝陵70周年之际，陕西省举办了隆重盛大的“丁亥年清明祭轩辕黄帝典礼”，数万海外侨胞，台湾、香港、澳门同胞参加，盛况空前。

1949年，华北人民政府颁布公告，将清明节定为“烈士节”，赋予清明节以新的时代内涵。随着新中国的成立，中国人民英雄纪念碑巍峨耸立在天安门广场，也矗立在全国各族人民、特别是青少年一代的心中。清明节到烈士陵园为革命先烈扫墓、缅怀英灵，成为崭新的时代风尚。

2007年12月。国务院发布《关于修改〈全国年节及纪念日放假办法〉的决定》，自2008年1月1日起施行。“清明节，放假1天（农历清明节当日）。”传统节日清明节正式列为放假日。清明节的丰富文化内涵得到了确认，其文化传承获得了制度性的保障。这一举措，对弘扬优秀传统节日和传统文化，将产生广泛而深远的影响。

红军英烈的纪念与缅怀（三）

传说

寒食的传说

相传春秋战国时代，晋献公的妃子骊姬为了让自己的儿子奚齐继位，就设毒计谋害太子申生，申生被逼自杀。申生的弟弟重耳，为了躲避祸害，流亡在外。在流亡期间，重耳受尽了屈辱。原来跟着他一道出奔的臣子，大多各奔出路去了，只剩下少数几个忠心耿耿的人。介子推一直追随着他。有一次，在一处渺无人烟的地方，随臣找了半天也找不到一点吃的，重耳饿晕了过去。介子推为了救重耳，走到僻静处，从自己的大腿上割下了一块肉，煮了一碗肉汤谎称是麻雀让公子喝了，重耳渐渐恢复了精神。后来，重耳发现介子推走路一瘸一拐的，才知道肉是介子推从自己腿上割下的，他感动得流下了眼泪，发誓说将来一定要报答介子推。十九年

上 山西绵山风景

后，重耳回国做了君主，就是著名的春秋五霸之一晋文公。

即位后，晋文公重重赏了当初伴随他流亡的功臣，唯独忘了介子推。有人提醒晋文公，晋文公猛然忆起旧事，心中有愧，马上差人去请介子推上朝受封赏。然而介子推最鄙视那些争功讨赏的人。差人去了几趟，介子推不来。晋文公只好亲自去请。当晋文公来到介子推家时，只见大门紧闭。介子推不愿见他，已经背着老母躲进了绵山（今山西介休市东南）。晋文公便让他的御林军上绵山搜索，绵山山高路险，树木茂密，哪里找得到？于是，有人出了个主意说，不如放火烧山，三面点火，留下一方，让介子推自己走出来。晋文公乃下令举火烧山，哪知大火烧了三天三夜，也不见介子推出来。火熄后，人们才发现介子推背着老母亲已坐在一棵老柳树下死了。晋文公见状恸哭。装殓时，发现介子推的脊梁堵着个柳树洞，洞里好像有什么东西。掏出一看，原来是片衣襟，上面题了一首血诗：

割肉奉君尽丹心，但愿主公常清明。
柳下作鬼终不见，强似伴君作谏臣。
倘若主公心有我，忆我之时常自省。
臣在九泉心无愧，勤政清明复清明。

晋文公将血书藏入袖中。然后把介子推和他的母亲分别安葬在那棵烧焦的大柳树下。为了纪念介子推，晋文公下令把绵山改为“介山”，在山上建立祠堂，并把放火烧山的这一天定为寒食节，晓谕全国，每年这天禁忌烟火，只吃寒食。

上 山西介休绵山介公祠

第二年，晋文公领着群臣，素服徒步登山祭奠，表示哀悼。行至坟前，只见那棵老柳树死而复活，绿枝千条，随风飘舞。晋文公望着复活的老柳树，像看见了介子推一样。他敬重地走到跟前，珍爱地掐了一枝，编了一个圈儿戴在头上。祭扫后，晋文公把复活的老柳树赐名为“清明

山西介休绵山介公墓

柳”，并晓谕天下，把寒食节的后一天定为清明节。以后，晋文公常把血书袖在身边，作为鞭策自己的座右铭。他勤政清明，励精图治，把国家治理得很好。晋国的百姓得以安居乐业，对有功不居、不图富贵的介子推非常怀念。每逢他死的那天，大家禁止烟火来表示纪念，还用面粉和着枣泥，捏成燕子的模样，做成“子推燕”，用杨柳条串起来，插在门上，召唤他的灵魂。此后，寒食、清明成了全国百姓的隆重节日。

后来，由于清明与寒食的日子接近，而寒食也是民间禁火扫墓的日子，渐渐地，寒食与清明就合二为一了，寒食既成为清明的别称，也变成清明时节的一个习俗，清明之日不动烟火，只吃凉的食品。在北方，老百姓只吃事先做好的冷食如枣饼、麦糕等；在南方，则多为青团和糯米糖藕。每届清明，人们把柳条编成圈儿戴在头上，把柳条枝插在房前屋后，以示怀念。因为清明节要寒食禁火，为了防止寒食冷餐伤身，人们参加一些体育活动，以锻炼身体。所以清明节除了讲究禁火、扫墓，还有踏青、郊游、荡秋千、蹴鞠、打马球、插柳、拔河、斗鸡等一系列风俗体育活动。

唐代踏春诗的传说

“去年今日此门中，人面桃花相映红。人面不知何处去，桃花依旧笑春风。”崔护的这首脍炙人口的《题都城南庄》，千百年来流传不息，为后人广泛咏诵。其中有一段颇具传奇色彩的故事：诗人崔护，河北定州市人，贞元十二年（796年）进士，官至岭南节度使。德宗贞元初期，他到长安考进士不中，心中郁闷，整天在京城东游西逛。清明那天，他来到了长安城南郊游玩。行得久了，觉得口中干渴，找到了一户人家，想讨杯水喝。那户人家的庭院约有一亩地大，门紧闭着。顺着门缝往里瞧，只见院子里花木

上 宋人画《春游晚归图》

茂盛，蜂蝶飞舞，假山水池布置精巧，环境十分优美。崔护敲了门，过了很久，才有一女子一边顺着门缝往外瞧，一边问道："外面敲门的是谁呀？"崔护赶紧回答："我是出来寻春游玩的过路人，独自一人。因为口渴，向大姐讨点水喝。"又过了很久，那女子拿着一杯水出来开门。唐朝风气开放，男女交往比较自然，没有后来那么多的规矩。女子把崔护让进院子里坐下，自己依在一棵桃树下，笑盈盈地看着他喝水。正是桃花盛开的季节，粉红色的桃花映衬着女子如玉的容颜，只觉得那女子娇艳妩媚、光彩照人，眼中春光流溢，比桃花更妍几分。崔护仿佛置身于仙境之中，分不清是桃花映人面，还是人面映桃花，不由得目注神驰，心旌摇动。他想和女子说话，但不管他怎么说，那女子不胜娇羞，只是含情脉脉地看着他，始终没有开口。二人互相注视着，不觉天色将暮，崔护只能起身告辞。女子送崔护到门口，目光中流露出依依不舍的神情。崔护也深深地眷恋着不忍离去。多次回首，那女子仍倚在门边望着他。

转眼到了第二年的清明时分。又是春光烂漫、百花争艳的季节，崔护想起了去年清明和那女子相逢的情景，思念之情难以抑制，心中涌动起了见那女子的强烈愿望。于是，他又来到了长安南郊，找到了那个庄园。那里门墙如故，透过门缝往里面瞧，园中依然是花木扶疏、桃柯掩映，但门上却挂着一把大锁，那女子已不知去向。崔护想起当日与那女子在桃花下相对无言，含情对视的情景，而今人面不见，只剩下一树桃花依然在春风中凝情含笑。抚今忆昔，往事历历，心中不禁怅然若失。惆怅之余，遂把这个美丽的传说，连同自己当时的心境，凝聚成短短的四句话，在园墙上挥笔写下了这首千古流传的小诗。

⊢《竹下仕女图》清·改琦 （广州美术学院藏）

午子姑娘的传说

汉中盆地东部，有一个名叫“西乡”的县城，县城虽小，名声却大，因为这里物产丰富，人杰地灵，历史上曾出过不少名人。这里的各种名贵小吃也享誉三秦大地，尤其是这里出产的“午子仙毫”茶，更是“中华一绝”，得到各界人士的盛赞。伴随午子山迷人的茶香，还流传着一个动人的传奇故事呢！

据说在很久很久以前，距西乡县城十五里外有一座秀丽而险峻的山峰，不知从什么时候起，山顶上来了一位美丽、善良的种茶姑娘，姑娘说她因为出生于午夜子时，所以人们叫她“午子姑娘”，至于她姓什么，却从无人知晓。这位午子姑娘不但在山顶种植了一片片郁郁葱葱的茶树，还在路旁的紫竹林中搭起了一座茶棚，专门方便过往行人。

每日清晨，午子姑娘便笑眯眯地提出一个泥陶壶，从山腰一个像龙脖子一样形状的山洞里汲来了清泉水，再用青冈栎木炭把水烧沸，在紫砂杯中放入茶叶，精心冲泡后，敬于客人。

坐在山顶茶棚里，阵阵清风吹来，洗去你登山的劳累，放眼望去，山谷的青松翠柏之间翻腾着妩媚的云海，耳旁传来鸟语溪鸣，身边不时出现午子姑娘婀娜多姿的身影，人们一边品饮着异香扑鼻、清醇可口的绿茶，一边欣赏着午子山峰迷人的风光，此时、此地、此情、此景，清香、甘醇、鲜爽的茶汤直入肠胃，一种安详、中正的太和之气油然而生，令人怡然陶醉，心旷神怡，仿佛置身于人间仙境一般。

午子山,山美、水美、茶美，人更美。

午子姑娘以茶待客、方便民众之事，在方圆几百里传为佳话，连远处的一些名人雅士、禅师道长、僧侣儒生都慕名而来。登山求茶者品尝后赞不绝口，茶客们你来我往络绎不绝，午子姑娘日复一日辛勤地忙碌着。

一日，有一从南方专程到此的嗜茶高僧代表众茶客送午子姑娘对联一副，贴在茶棚门框之上。上联为 “龙脖洞中水”，下联为“午子山顶茶”，横额是“仙境双绝”。他向众人解释道，“此‘双绝’乃指两双，即茶与水，环境与美女也”，后来被人们称为品饮“四要”。据传,还被茶圣陆羽收集到《茶经》之中。

一些外地茶商也闻讯到此，见如此好茶有利可图,便偷采茶籽，挖去茶苗，运往外地，移栽于自己家乡的山坡之上，精

上 杏园雅集图卷 明·谢环

心培育，希望能长出同午子山一样的好茶来。午子姑娘知晓后并不介意，但那些被移栽的茶苗、树种，离开了午子山的土地后却无一成活。

午子姑娘以茶待客的美名，被人们越传越远，正好被出巡在外且嗜茶成癖的皇上知道了，他即令绕道驾临午子山。

当皇上在茶棚里召见了午子姑娘，品饮香茗后，感慨地叹息道：“喝遍天下饮料，还数此茶最好。”即将此茶钦定为贡品，专供皇宫所用，封午子姑娘为“御前茶侍”，即日一同进宫。然而皇上怎么也想不到，他的此番“好意”却遭到了午子姑娘断然拒绝，顿时龙颜大怒，吩咐左右砍去午子山茶林，拆掉茶棚，将午子姑娘押监治罪。午子姑娘拦住毁林砍树的人，不卑不亢地对皇上说：“只要皇上能将我带出午子山，我便随皇上一同进宫。”皇上听罢哈哈大笑道：“难道朕还怕你一个小女子飞了不成？”说罢命御林军将午子姑娘围在当中，前呼后拥，护送返京。当大队人马走至白松崖时，天上突然刮起一阵阵狂风，午子姑娘借风势，纵身一跃，跳下了山崖，只见白云之中，姑娘变成一只美丽的金凤凰，展开双翅沿午子山峰的茶园绕飞一圈后，越过对面山头，向天外飞去。皇上和他的侍卫们已惊得目瞪口呆，半晌才回过神来叹息一声说道：“午子姑娘乃是神女茶仙下凡，非凡人所比，看来天意难违，不可冒犯。”说罢便令众人速速摆驾，返回了京城。

午子山顶的茶园保住了，午子仙女的

柳塘春牧　清·杨晋

传说被人们一代又一代地传颂着。据说，每年清明正午时分，人们只要在当年午子姑娘搭起茶棚的石桌石凳上，摆上泥砂陶壶，紫砂茶杯，生起青冈栎木炭火，汲来“龙脖子洞”中的泉水，午子仙女将会在你不知不觉中降临，像当年一样为你做一次精湛的茶艺表演。当地有不少老人曾有幸观赏到这一人间奇观。

为了纪念美丽善良的午子仙女，人们把每年清明前在山顶所采的新茶嫩芽，看作是午子姑娘的化身，取名为“午子仙毫”。在当年午子姑娘搭起茶棚的地方，修建了一座“道观”，取名为“午子观”，在她曾跳崖的地方栽满了白皮松，还把午子姑娘跳崖后变成一只美丽的金凤凰飞过的那座山头，取名为“飞凤山”。飞凤山下的那条清澈的小河的源头，据说就是午子姑娘当年取水的那个“龙脖子洞”，于是人们便把这条小河取名为“颈项河”，后被人们讹传为“泾洋河”。

如今，每逢清明时节，西乡县城的人们，攀登午子山，朝拜午子观，品午子仙毫茶。到飞凤山留影，来泾洋河荡舟，观山中景色，谈论午子仙女的传奇故事，已成为当地的传统习俗和人们茶事活动中的一大乐事。

清明茶的传说

人们都知道信阳毛尖茶好，但不知道毛尖茶的来历。据传，它开始种在鸡公山上，叫“口唇茶”。这种茶沏上开水后，从升起的雾气中会现出九个仙女，一个接一个飘飘飞去；品尝起来，满口清香，浑

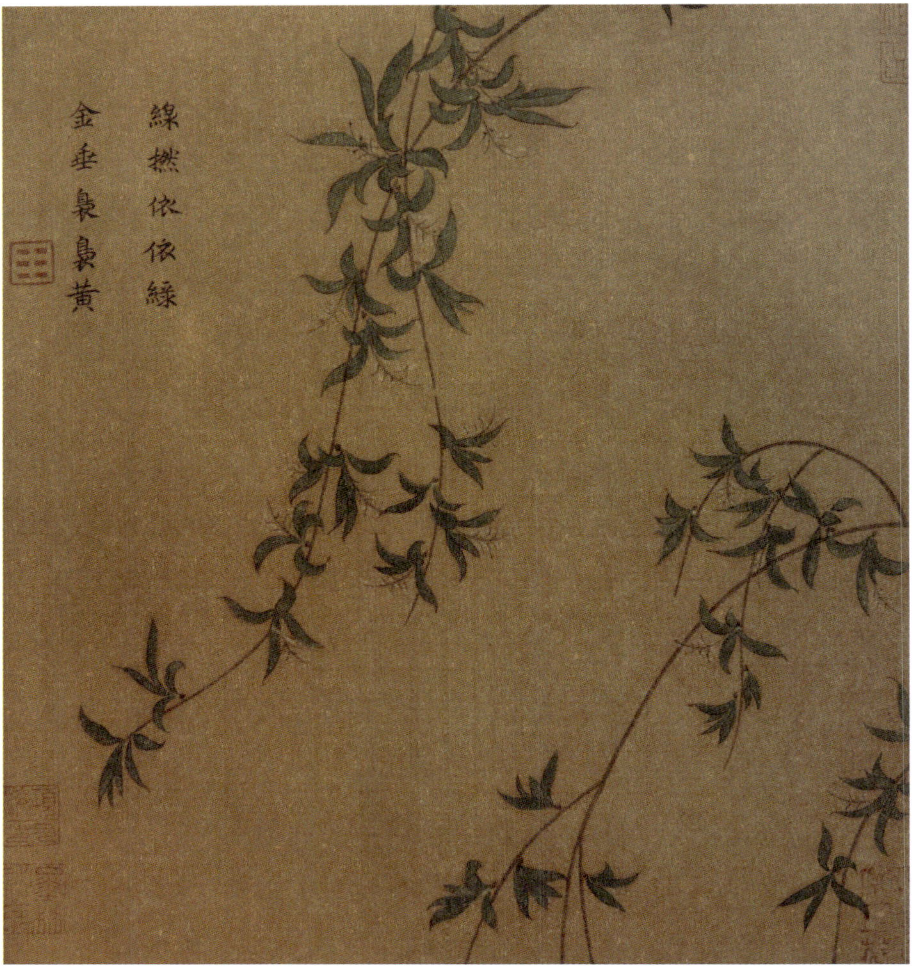

上 垂柳飞絮图 南宋·佚名

身舒畅，能够医治疾病。这口唇茶原是九天仙女种的，她们咋会来到人间种茶呢？这事还得从鸡公山谈起。

先前，鸡公山没有名字。有一年，山上害虫成灾，不知从哪里飞来一只神鸡，把害虫叼个一干二净，住了下来。它天天报晓，啼叫一声，响遍天下，因此人们就给这座山起名鸡公山。各种害虫再不敢在这里逞凶了，鸡公山上从此草绿树旺，鸟语花香，成了人间仙境。

瑶池的仙女们听说人间的鸡公山胜过仙宫的百花园，都想一饱眼福，便向王母娘娘提出请求。王母娘娘也是个爱游山玩水的人，理解宫女们的心情，答应分批让她们下凡，一批限定三日。但有一条，一旦有人下去后产生邪念，与人婚配，除了惩罚本人，这轮流下凡的事立即停止。仙女们都想下去看看，生怕轮不到头上，她们向王母娘娘保证严守法规。

王母娘娘爱喝茶，对司管仙茶园的九个仙女另眼看待，让她们首批离开了瑶池。

九个仙女来到鸡公山，拜见鸡公山后便住下了。天上一日，人间一年，王母娘娘限他们三日就是人间三年。众仙女把鸡公山的怪石奇峰、山泉瀑布、名茶异草的春夏秋冬四时景色都看遍了，离回去的时限还有两年呢。她们商量要办件好事，给鸡公山留下纪念。办啥好事呢？为首的大姐说：“鸡公山应有的都有，有的都好，唯有一点不足。”众姐妹齐问：“哪一点？”“我倒有个想法，咱九姐妹化作九只画眉鸟，回到咱那仙茶园里衔来茶籽，不就补上了这个不足嘛！不知众位姐妹愿不愿出这把力？”众仙女一听无不叫好。她们又问，衔来茶籽不难，交给谁种呢？大姐手往山脚下一指，大家看见一片竹林里有几间茅屋，心里都明白了。

上 骑牛图（木刻版画）

那间茅屋里住着一个年轻人叫吴大贵，是读过书的人。只因爹妈先后去世，剩他独自一人。他白天种地砍柴，晚上还要温习功课，准备科场应试。屋里墙上贴张白纸，上边写着“寂寞独有，清贫无双”。这天夜里，他做了个梦，梦见一个仙女从鸡公山上下来对他说：“鸡公山水足土肥，气候适宜种茶。从明天开始，有九只画眉鸟从仙茶园里给你衔来茶籽。你在门口的一棵大竹子上系个篮子，把茶籽收下，开春种到坡上。到采茶炒茶的时候，我和姐妹们来给你帮忙。”吴大贵醒来心里好喜：哎呀，是我吴大贵勤奋读书感动了神仙啊！可种茶能给我带来多大好处呢？别急别急，有道是天机不可泄露，内中定有一番用意，叫种就种吧。

第二天一大早，吴大贵起床，半信半疑地拿个篮子，系到门口那棵大竹上。系好，他扭头要回屋，只见一只画眉鸟箭一般飞来，把嘴里衔的东西往篮子里一放，又飞走了。吴大贵很惊奇，取下篮子一看，果然是一颗种子，虽没见过，他相信就是梦中所说的茶籽。接着，一只只画眉鸟穿梭般的飞来飞去。九只画眉鸟各衔来一颗种子后，稍停一会儿，又是一轮。如此衔了三天三夜，共衔来茶籽九千九百九十九颗。吴大贵很高兴，小心地把茶籽收藏起来。

第二年一开春，吴大贵把九千九百九十九颗茶籽全种到山上。清明过后茶籽发芽，见风就长，几天长成了茶林。这时仙女又给吴大贵托梦，让他准备炒茶的大锅。

上 赏花 选自《月曼清游图册》清·陈枚

吴大贵准备停当，来到茶林一看，又惊又喜。只见九个仙女正在采茶，个个柳眉杏眼，面如桃花，不胖不瘦，不高不低。她们采茶不用手，而是用口唇，看那红艳艳的小口唇一张一合，又轻又快，采下了一个个油嫩的茶尖。前边刚采过，后边又长了出来。采了一会儿，九个仙女甩开衣袖，一边舞，一边唱起了《茶歌》。只见她们一句接一句地唱道：

茶树本是仙宫栽，姐妹衔籽人间来。

头茬采完二茬旺，早采是宝晚是柴。

上 春牛春象（木刻版画）

春茶苦来夏茶涩，秋茶好喝不能摘。

细紧光直多白毫，又提精神又消灾。

千家万户笑颜开！

歌罢舞毕，为首的大姐走到吴大贵跟前说：“这位大哥，俺姐妹采的不少啦。我给你烧火，咱去炒吧！”吴大贵笑着去了。他不知道咋炒。大姐到竹林砍一把竹子扎成扫帚，让他在锅里不停地搅动。吴大贵只觉得茶香扑鼻，快把他熏醉了。现在茶乡炒茶还是女的烧火，男的掌锅；采茶也是女的，边采边唱。这都是那时传下来的习惯。

就这样，她们采着炒着，一直忙到谷雨。仙女们走后，吴大贵沏上一杯新茶品尝。开水一倒，只见慢慢升起的雾气里现出九个仙女，一个接一个地飘飘飞去。吴大贵端起茶杯一尝，满口清香，浑身舒畅，精神焕发。这样好的茶，起个啥名呢？吴大贵想：茶籽是画眉鸟用嘴衔来的，茶是仙女用口唇采的，就叫“口唇茶”吧。

消息一传开，义阳知州听说了，马上派人来要茶，拿回去泡上一看，张口一尝，拍案叫绝。当即定为贡品，要孝敬朝廷老子。那时是大唐的江山，当朝皇上就是唐玄宗。知州把口唇茶亲自送到朝里，又禀明了它的来历，玄宗大喜。朝中第二个喝到口唇茶的是皇上最宠爱的妃子杨贵妃。她当时精神不爽，一杯口唇茶喝下去，病体痊愈，唐玄宗高兴了，对口唇茶大加赞赏，传下圣旨：一要在鸡公山上修千佛塔一座，感谢神灵；二规定“口唇茶”年年进贡朝廷，民间不得饮用；三是赐吴大贵黄金千两，要他用心护理茶林；四是给义阳知州升官加俸。

吴大贵这一下子发大财，又是买田地，又是建宅院，成了鸡公山的首富。地方上的大小官吏谁敢小看？这一来他腰杆硬了，便欺邻害户，压榨百姓。吴大贵没成亲，不少喜欢攀高接贵的人都去说媒，

鞭春牛（山东潍坊木版年画）

快把门槛给踢折了。但不论是大家闺秀，还是名门千金，他一个也看不上眼。因为和那九个仙女相比都差得太远了。这时候，他再也读不进去书了，赶考的事早丢到脑后。吴大贵想：仙女们托梦叫我种茶，准是让我先发了财，然后再和我成亲。现在我金钱有了，只等明年采茶时，九个仙女一来，就都是我的啦。牛郎也不过配个织女，我吴大贵要独占九个仙女，这真是天意呀天意！

第二年清明前，吴大贵把九个新娘的洞房和成亲的一应物事早筹备好了。过了清明，他天天到茶林等候。茶叶该采那天，仙女们准时来。吴大贵上前打躬作揖道：“九位姐妹，您劳神出力让我发财，我知道大家的美意。今后这茶不劳姐妹们采了，我已雇了人，让他们干吧。诸位也该跟我享福了。我把婚礼都准备好啦，咱们下山拜堂成亲吧。”九个仙女自从离开瑶池，哪敢忘了王母娘娘的法规？不论哪个纵有思凡之意，但为了不坏姐妹们轮流下来观看的机会，也不愿意在这时候私配情郎。她们没想到一年前还在发愤读书的吴大贵，有了金钱便丧志贪色，变得这样快。姐妹们又羞又恼，转身去找鸡公去了。

仕女游春 选自《月曼清游图册》清 · 陈枚

鸡公听仙女们说后大怒："当年我到此山，就是为了消灭害虫，想不到又出来一条！"鸡公翅膀一闪，飞下了山头。它飞到吴大贵的院子上空，振翅一扇，下面成了火海。鸡公又飞到茶林，伸出巨爪一扒，挖出三条深沟，九千九百九十九棵茶树毁掉了九千九百九十七棵。剩下两棵留个种子，现在还在深沟上边的悬崖上长着。

这时候，唐玄宗敕建的千佛塔上的千块神浮雕已由监工从长安送到离鸡公山不远的车云山下。监工得知吴大贵死于火海，"口唇茶"茶林被毁，也不去鸡公山了，把千块浮雕放在车云山下，回京交旨去了。后来，车云山栽上"口唇茶"茶籽，长得特别好，又代替吴大贵的"口唇茶"年年进贡，成了唐朝有名的"义阳贡茶"。后人就把千佛塔建在了车云山上，现在还保存着。"口唇茶"再也没有了，只留下这个故事，传为美谈。

谚语

- 雨打清明前，春雨定频繁。
- 阴雨下了清明节，断断续续三个月。
- 清明难得晴，谷雨难得阴。
- 清明不怕晴，谷雨不怕雨。
- 雨打清明前，洼地好种田。

古人描绘的江南春来早图景

上 耕织图

上 春波钓艇图 南宋

- 清明雨星星，一棵高粱打一升。
- 清明宜晴，谷雨宜雨。
- 清明断雪，谷雨断霜。

- 清明无雨旱黄梅，清明有雨水黄梅。
- 麦怕清明霜，谷要秋来早。
- 清明有霜梅雨少。
- 清明有雾，夏秋有雨。
- 清明冷，好年景。
- 清明暖，寒露寒 。
- 三月清明不用忙，二月清明早下秧 。
- 春分有雨到清明，清明下雨无路行。
- 春分雨不歇，清明前后有好天。
- 清明前后一场雨,强如秀才中了举。

上 古人描绘的清明时节春色图

- 春雷日日阴，半晴半雨到清明。
- 清明忙种麦,谷雨种大田。
- 清明不插柳,死后变黄狗。
- 清明不戴柳,红颜变白首。
- 清明前后,点瓜种豆。
- 植树造林，莫过清明。
- 栽树不过清明节，栽松不让春晓得。
- 清明谷雨两相连,浸种耕种莫迟延。
- 清明螺，抵只鹅。
- 九后春笋清明出。
- 清明时节天转暖，柳絮纷飞花争妍。

风俗

清明作为节日，包含着一定的风俗内容和特定的纪念意义。在中国的二十四节气中，由节气演变成节日的只有清明。在公历4月，中国传统习俗中最重要的节日就是清明节了，它流传于中国的大部分地

古代绘画中的清明祭祀扫墓　选自《中国民间美术全集·绘画卷》

区。但在我国南方和北方，清明节的规模、方式不尽相同。清明节在汉族地区流传较广，同时也流行于我国部分少数民族地区，虽然各地习俗各有特色和地域文化传统，但扫墓祭祖和踏青郊游是基本主题。由于受到汉族文化的影响，如满族、赫哲族、侗族、瑶族、黎族、水族、京族、羌族、白族、苗族、蒙古族、纳西族等24个少数民族也过清明节。

上 早春图　宋·郭熙

禁火寒食

寒食节除了纪念介子推之外，还有一种来源于古代钻木求火的说法。古人因季节不同，用不同的树木钻火，即改季改火的习俗。而每次改火之后，要换取新火。新火未到，就禁止人们生火。在禁火之时，人们就准备一些冷食，以供食用，这样慢慢地变成了固定的风俗了。后来，才与介子推的传说相联系。即晋文公下令在介子推被烧死的这一天，全国禁止烟火，家家吃干粮、吃冷饭、喝凉水，表示纪念。三国时，魏武帝曹操曾下过“绝火寒食”的命令。唐代寒食节禁火三日，到清明早晨家家才能换上新火。宋承唐制，寒食也放假七天。元以后，禁火习俗开始衰微，但相关习俗现在仍在一些地区流传着。

云南沧源佤族每年改火的时候，各家都要一起熄灭火塘中的旧火，同时由村寨头人用原始的锯竹取火法在自己家里锯出新火，然后各家各户用一只碗到头人家取回火种。为了适应禁火冷食的需要，人们在清明节吃冷食青团，并用青团祭祀祖先。青团是一种用青色植物与糯米一起舂合蒸熟的糍粑，各地制作青团所用的青色来源很不相同，唯一共同的是糯米和青色。这种糍粑也可以包馅儿，随各地风俗不同而各具特色。

四川人逢寒食，用麦草捣汁做青粉团，乌柏汁染乌饭做糕；北京人用香椿芽拌面筋，嫩柳叶拌豆腐，做寒食食品。绍兴人喜食黄花青果糕，并以此作扫墓时的供物，也流行在田间采撷味似豌豆苗的野笋嫩茎做农家菜。宁波人清明时节吃麻粢。闽南人食用“润饼菜”，即用各种香菜肴摊在薄饼上用手卷而食之。海南岛村寨同族男子有“清明羹饭”合吃习俗，食后分麻粢。

此外，清明节吃鸡蛋的风俗在许多农村流行。远古传说，人类始祖盘古是在鸡蛋中孵化孕育而生。农村妇女生育之后，要以鸡蛋作为往来礼品，有些地区还以摸卵石作为求子仪式。早在南北朝时期，城市人就流行起寒食节吃鸡蛋、染鸡蛋、斗鸡蛋的风俗，他们和吃豆腐、吃春饼一样在民间从未中断过。清明前，人们会将煮熟的鸡蛋、鸭蛋和鹅蛋染上各种颜色，或画上一些精美的图案。节日到时，儿童们口袋里都放着几个不同花色的彩鸡蛋，互相拿出来比美。

东北三省清明节讲究吃春饼，有些地方则要做清明饭、清明粑、清明粿，同时酿清明酒、喝清明茶，南北各地风俗各异。寒食节的冷食品还有大麦粥、桃花粥、子推饼、馓子、干粥等。陕西、山西以及山东胶东半岛等地用面粉捏制面食寒燕，昭示着春天的来临。由古代的禁火习俗变异为纪念晋国贤臣介子推，并易名为“子推燕”。“子推燕”通常用绳串起来悬挂于门上，常见的有十二生肖形状等。黄河流域一带素有制作面花习俗，特别是山西代县一带所做的寒燕面塑鲜活灵动，有飞禽走兽、戏剧人物、爬娃、抢鸡娃、莲花娃娃、瓜果、蔬菜、花卉以及吉祥图案等。清明节时互相馈赠，或悬挂于室内墙壁。这些花色食品过去是为寒食节禁火时准备的干粮，后禁火俗废止，面塑食品作为一种民间艺术随风俗保留了下来。山西晋南晋北扫墓时都要用面食作供品，晋南叫蛇盘盘，有的分单头蛇与双头蛇，祭祖前绕坟一圈，晚辈吃掉蛇头，表示灭毒头、免灾祸。晋南地区清明节还要蒸大馍，馍中夹核桃、红枣、豆子之类，称为子福，取意子孙多福，全凭祖先保佑。这时节，各家各户还要做黑豆凉粉，切薄块灌肠食用。晋北地区则习惯生黑豆芽，并用玉米面包黑豆芽馅儿为餐。

江南农村有一个特有的风俗，就是在做

清明艾团子时，用艾团粉捏成十二生肖造型，看家里人有什么属相就做什么，蒸熟后，挂在窗口风干，直到立夏时节，才捣碎了加水炖着吃，认为人吃了不会染疾。

扫墓祭祖

我国是一个农业古国，农耕技术、家庭伦理、宗亲宗族都讲究世代传承，祖先观念非常浓厚。同时，受儒家思想观念影响，两千年来，清明节追思先人成为中华民族传承不息的灿烂文明。

我国人民向来重视祭祀祖先，上古时祭仪中已有春季祭祀宗庙的大礼。春秋战国时，墓祭风气在民间兴起。汉代时上坟祭扫之风日渐流行。唐人沿袭祭墓风俗，并扩大到整个社会，朝廷以政令的形式将民间扫墓固定在寒食节，寒食与清明由于时间相接而合二为一。寒食禁火，清明取火，扫墓也由寒食扩展到清明。宋朝时，清明逐渐取代了寒食的节俗功能。明清时期，寒食基本让位于清明了。清明节虽与中元节（农历七月十五日）、寒衣节（农历十月一日）同被列为三大悼亡节，但后世一般不称清明为鬼节。因为清明重在扫墓祭祖，表达孝义和追思。

扫墓祭祖这一相沿悠久的习俗，源于传统文化的祖先崇拜和节孝文化，它是中华民族崇本尊亲、慎终追远、感念先人功

炎帝神农尝百草　（民间绘画）
仓公仓母　（民间绘画）

德的文化精神的集中体现，因而成为清明节节俗活动的核心内容。一到清明，人们就忙着上坟祭扫，无论城镇还是乡村，概莫能外。祭扫的时间并不限定在清明节当天，民间有“清明朝祖、前三后四”之说。也就是说，祭扫的时间在清明节的前三天后四天都可以。

清明节扫墓祭祖主要包括两项内容：一是插挂纸幡、烧纸钱；二是清除坟前杂草，培添新土。唐以前已有烧纸祭亡灵习俗，但因寒食期间禁火，墓祭亦不能火化纸钱，人们将纸钱插挂在墓地或墓树之上，有的压在坟头，表示后人给先辈送来了费用。随着寒食禁火习俗的改变，清明祭墓的兴盛，在祭祀活动中，人们不再忌讳烧纸钱，于是烧纸与挂纸钱习俗并存于世。

墓上有无新土是判断墓主有无子嗣的标志，民间有所谓“有后人，挂清明；无后人，一光坟”的说法。“清明不祭祖，死了变猪狗”的俗谚，则是对不履行祭祖义务者的告诫。

山东泰安、临沂一带的扫墓仪式很隆重。男人要挑着供菜和水饺到祖坟，先将祭品供上，然后焚香烧纸，洒酒祭奠。胶东一带认为扫墓时给坟上添新土，是为了给祖先修屋，以防夏天雨大漏水，其实质上还是表达出对祖先的一种怀念之情。山东多数地方都在清明节当天扫墓，只有诸城等少数地区是在寒食节这天扫墓。龙口、博兴、广饶一带则在清明前四天扫墓。

广州人十分重视“拜山”或“行清”。拜山时，带上烧乳猪、甘蔗、水果、包子、酒、煎堆以及香烛、纸帛等祭品，摆放于坟前，大家一起铲除杂草，随后将一方纸宝压在墓顶上，紧接着点燃香烛，对先人行跪拜礼或鞠躬礼，烧纸钱，放炮仗，最后分食甘蔗，并将吃过的甘蔗渣掷于坟前，还要将包子掰碎撒在坟前。

清明时节上坟也是江苏无锡的传统民俗。扫墓时挑一些新土培壅于坟茔。凡新坟都要在清明前祭扫；旧坟可以过清明，但不能过立夏。新媳妇一定要去祭扫祖坟，俗称“上花坟”。扫墓时用荤素菜肴和酒饭等祭奠，后来多用干果糕点等替代。

广东潮汕各地扫墓俗称“挂纸”，为了与冬至扫墓区分也叫“挂春纸”。人们在祖坟上填土整坟，扫尘土除芜草，并在墓碑及墓堆上挂纸条，举行祭礼。海南岛一带各家持麻粢、菜肴等供品到祖坟祭祀，要在坟顶加土插竹，挂纸铜钿，撒米饭、螺蛳等物。有儿童围观，则须分麻粢或钱币给他们，以教嘱儿童保护祖坟。同宗还要行族祭，祭祀仪式多由族长主持。清明前几天，各家要设供桌祭祖，饭后往屋顶上抛螺蛳壳以驱虫虐。

福建一带的清明节风俗除了在墓地除草培土外，有的还要在坟旁种一棵松柏或其他树木。接着要在墓头压一些冥纸钱，表示此墓已有后人扫过，或向路人告示：墓主后继有人。扫墓结束后须折松枝回家插于门口，向世人表明，本户已履行完为祖宗祭墓的责任与义务。

我国闽南侨乡对清明节格外重视。一家人除了老幼病弱者，都要参加扫墓。各家都准备了果盒、香、金纸、烛、鞭炮和一大叠五色纸钱，以及朱漆红颜料和毛笔等墓祭用品，先用锄头把墓地清理一番，然后动手用红笔把墓碑石上的祖宗名号新漆漆红，焚香点烛，摆上果盒，并在墓上奉献纸钱。事毕，儿孙们便在墓前行跪拜大礼。

⊢ 闽南清明祭祖风俗组图

上 家庙祭祀之图 （选自《清俗纪闻》）

民间祭祀除了墓祭以外，另有一种为家祭，即在家里设供或在祠堂太庙祭祀，也称祠堂祭。南宋大诗人陆游在《示儿》里有云："王师北定中原日，家祭无忘告乃翁。"表明家祭风俗在宋代已十分普遍。江苏苏州清明节那一天，家祭时在堂屋北首摆置八仙桌一张，上供酒菜和香烛。所用酒菜常见的有黄酒、蛋饺、红烧肉、红烧鲤鱼、红烧豆腐、炒黄豆芽等。菜种多用红烧，象征家业兴旺红火。桌子的东、西、北三边分别摆放酒樽、筷子若干，南设方贡一对、香炉一只。祭祀由家中男性长者主持。一巡酒后，全家成员按长幼之序在供桌前叩拜行礼。第三巡酒后，媳妇端出来六小碗米饭，分三份摆在酒樽前，然后焚化纸钱锡箔。如果家中有新葬或葬后未过五年的，家祭后子女还要上坟致祭。

土族对祭扫祖先陵墓十分看重，届时要全家出动，带上五色饭、肉、香烛、纸幡等到祖坟去上供，行拜礼。土家族在清明节这一天要上坟挂青，家里要吃猪头肉，有"清明酒醉，猪脑壳有味"的说法。

清明节几经演变，已成为中国人纪念祖先、缅怀先人业绩的节日。清明节祭拜中华人文始祖轩辕已成为惯例，如陕西黄帝陵祭祖，河南新郑祭轩辕大典、淮阳太昊陵祭祀大典都成为清明节重要活动，炎帝神农氏和南方九黎族首领蚩尤也在祭拜之列。人们祭奠祖先英灵是为了追思先民们创始文明、造福子孙的历史功绩，既是一种中华民族人文精神的陶冶，又是一种优秀传统文化的普及。清明节的"心祭"重于、大于"形祭"。随着社会的发展和时代的进步，清明节被不断赋予丰富的内容和多样化的形式。纪念对象也从传统的家族祖先扩展到为国为民牺牲的英烈，以及劳模，甚至遗体捐献者、生前给人带来快乐的人。各大城市清明节，烈士陵园扫墓活动越来越兴盛，便是这种发展的见证。祭奠的形式也更加多样化，如用“家书”和鲜花、网上留言等新型祭祀方式，受到越来越多的城市居民的欢迎。虽然清明节的一些传统习俗在发生着不同程度的改变，但农事习俗和祭祖的内涵并未改变，传统的焚香和烧纸等祭祀方式，仍是大部分农村和小城镇群众的选择。

⊥ 童戏风筝（杨柳青年画）

踏青郊游

踏青娱乐，是清明节出城郊游的一种风习。清明时节，适逢阳春三月，春暖花开，阳光明媚，一派欣欣向荣的景象。此时正是一年好风光，非常适宜郊外踏青游览大自然美景，感受大地的新鲜气息。所以，这一天人们纷纷结伴外出，上山踏青。清明又是去郊外扫墓的日子，因此形成了二者兼顾的情形。

踏青习俗在汉代之前就已经开始流传。唐房玄龄等撰《晋书》记载，每年三月初一至初三，人们热衷于踏青出游。唐朝时更为盛行，唐代诗人孟郊有“一日踏青一百回，朝朝没脚走芳埃”的佳句。宋朝时，踏青习俗得到进一步的发展，并且出现了许多围绕踏青而展开的大型活动。宋孟元老的《东京孟华录》有关于汴京（今河南开封）清明踏青娱乐的记载：“四野如市，往往就芳树之下，或园囿之间，罗列杯盘，互相劝酬。都城之歌儿舞女，遍满园亭，抵暮而归。”宋吴自牧《梦粱录》记载临安（今浙江杭州）清明节习俗有云：“车马往来繁盛，填塞都门。宴于郊者，则就名园芳圃奇花异木之处；宴于湖者，则彩舟画舫款款撑驾，随处行乐。此日又有龙舟可观。都人不论贫富，倾城而出。笙歌鼎沸，鼓吹喧天。虽东京金明池，未必如此之佳。殢酒贪欢，不觉日晚，红霞映水，月挂柳梢。歌韵清圆，乐声嘹亮，此时尚犹未绝。”宋周密《武林旧事》有记：“每

上 湖山春晓图 南宋·陈清波

年春暖花开之日，春游最盛。”宋代诗人张先有“芳草拾翠暮忘归，秀野踏青来不定”的诗句。张择端的传世画作《清明上河图》描绘了汴京汴河两岸的景物以及清明人们娱乐的场面。成百上千的各色人等，熙熙攘攘，呈现出了清明日踏青郊游的盛况。明清时期，踏青习俗依然兴盛不衰，成为重要的节日文化世代流传。

江苏无锡人喜欢上惠山踏青。不上惠山的，上城墙绕城而走，叫登高踏青。东门东林庵一带，为青年女子聚集的地方，故有“东林庵里看桃花”的说法。东乡胶山和北乡斗山的节场附近还有赛会，故名“清明山”。人们结伴上清明山踏青，赶会观赛。男女老少，三五成群，到野外游艺，别有情趣。

山东博兴一带时兴姑娘们自由组合，三人一组、五人一伙地去野外看柏树开花。她们认为，谁看见了柏树开花，谁就会交上好运气。最后要到麦田里“踏青”，据说“清明

⊥ 杏园雅集图卷　明 · 谢环

踏了青，不患脚疼病”。

在甘肃民勤，曾流传过驼羊会。相传苏武曾在此牧羊，后人为纪念苏武，在这一时节从各地赶着骆驼、羊群而来，登山游春，踏青缅念，饮水思源。

现代踏青除了在郊外活动外，还有去公园感受大自然气息的新风俗。人们沐浴着和煦的阳光，呼吸着清新的空气，嬉戏娱乐，心旷神怡，振奋精神，而且踏青习俗逐渐演化为春游，受到人们的推崇。

插柳戴柳

插柳的风俗，据传是为了纪念教民稼穑的农事祖师神农氏的。人们把柳枝插在屋檐下，以预报天气，古谚有“柳条青，雨蒙蒙；柳条干，晴了天”的说法。农谚“九九歌”里叙述了季节变换、冬尽春来的自然规律：“五九六九，沿河看柳。”说明了柳树发芽吐绿是春天最先感知到的自然气息之一，折柳戴柳插柳也寄托了人们对春的渴望。《诗经 · 小雅 · 采薇》里有这样的句子：“昔我往矣，杨柳依依；今我来思，雨雪霏霏。”表现出人们把春天与杨柳联系在一起，也把自然景物的荣枯盛衰与人类情感的喜怒哀乐、人生际遇的顺利穷通相对应。

清明插柳戴柳还有一种说法：古人以清明、七月十五和十月朔为三大鬼节，是百鬼出来讨索之时。人们为了防止鬼魅和病邪的侵害，插柳戴柳以辟邪。汉代受佛教思想影响，人们认为柳木可以驱鬼逐疫，而称之为“鬼怖木”。观音菩萨以柳枝沾水普度众生。北魏贾思勰的《齐民要术》里写道：“取柳枝著户上，百鬼不入家。”清明既悼亡者，值此柳枝条吐发新芽之时，人们自然纷纷插柳以辟邪气了。南朝梁宗懔《荆楚岁时记》也有同样说法。段成式《酉阳杂俎》说：“唐中宗三月三日，赐侍臣细柳圈，戴之可免虿毒。”可见以柳辟邪这一风俗流传之久。宋元之后，插柳习俗更盛，人们踏青游玩回来，在家门口插柳以辟虫疫和毒患。

相传，黄巢农民起义时规定，以“清明为期，插柳为号”。起义失败后，戴柳习俗渐弱，而插柳风俗却越来越浓。俗言

柳阁风帆图　南宋

道："有心栽花花不发，无心插柳柳成荫。"柳树有旺盛的生命力，柳条插在哪里，成活到哪里；年年插柳，处处成荫。

清明又称为柳节。古代还有射柳习俗。射柳为军中的竞技项目，战国时就有军营比试射柳活动，汉代时广为流行。武将射术是基本功，放箭射穿杨柳枝，善射者被誉为百步穿杨。射柳至唐代时已成为清明节竞技活动的常规项目。

戴柳插柳之俗，后世广为流传。陕西有些地方，人们祭祀归来，将新折的柳枝插于门上，认为能避虫蚁的叮咬。河北《怀安县志》记载当地的民谚："清明不戴柳，红颜成皓首。"天津过去流行扫墓回来，乘坐的马车棚要插柳枝。小孩则将柳枝编圈戴在头上，并唱民谣："清明不戴柳，死后变黄狗。"海南岛有的村寨居民，清明日，家家户户插柳条于门壁，妇女们在发际间插柳枝、菜花、青蒿等，以求来世亲人齐全、安康。浙江定海民间在清明节这一天，城郊及附近渔村妇女头上插菜花、青蒿，门上插柳。有的地方清明节上坟时，妇女和小孩们还要就近折些杨柳枝，将撤下的蒸食贡品用柳条串起来，也有把柳条编成罗圈状戴在头上。儿童"戴柳圈"、"吹柳哨"，据说能保佑他们吉祥平安。老北京人清明节这天也时兴采摘新柳，并编成柳圈戴在头上。满族人祭祖时要在坟上插"佛多"（满语，指"柳"或"柳枝"）。根据满族信仰，柳是人的始祖，人是柳的子孙。为表明后继有人，要在坟上插柳。

清明戴柳，后来与健康长寿直接联系起来。比如有的地方认为戴柳可以明目。杭州等地有用柳条抽门习俗，称为"明眼"。各地风俗可谓五花八门，充满奇趣。

虽然历史上流传下来插柳、戴柳辟邪的风俗已经萎缩了，但孩子们仍逢此时节，折柳树嫩枝做柳笛吹着玩，大人们则在杨柳树下，享受春天的惬意，领略大自然的绚丽春光。

植树造林

古诗曰："满街杨柳绿似烟，划出清明三月天。"由于清明时节，十分适宜耕种，农谚有"植树造林，莫过清明"、"栽树不过清明节，栽松不让春晓得"、"栽树莫要过清明，种上棒槌也发青"之说。在墓地植柳是上古旧俗，"庶人无坟，树以杨柳"。我国历朝政府都重视植树。早在西周时期，就有“林衡”、“山虞”等管理机构，动员群众植树，规定“不树者，无椁”。周代左丘明《国语》载：“列树以表道。”清明节种柳树的习俗也与春秋时晋国臣子介子推被烧死在绵山的传说有关。晋文公在介子推死后的第二年，发现介子推死时旁边那棵老柳树死而复活了，便赐老柳树为“清明柳”。清明栽柳在许多地方风行。无锡人清明节时，民间广泛种植树木、蔬菜，福建人流行在祖坟前种树。植树最早是由插柳风俗发展而来的。汉将周勃的军营大量种植柳树，成活率非常高，除了供给射柳比赛用外，还可以为军营提供大量烧火用的柴禾。

秦始皇统一中国后，大力提倡在城镇街巷和大道两旁种树绿化，并设封人、掌固负责植树造林。汉文帝、汉景帝多次下诏“劝农种植”。南北朝时，北魏孝文帝给百姓分田种树，并规定了植树指标。隋唐时期，皇帝常下诏规定种植经济林木事项。隋文帝配官吏“永业田”，劝种桑、榆、枣等树种。据《开河记》载，隋炀帝曾亲自种柳。他下诏在开通运河的同时，

上 春牛耕田（杨柳青年画）

上 杏园雅集图卷　明 · 谢环

百姓要于河渠两岸种植垂柳，栽柳一棵赏缣一匹，百姓争相种植。唐代曾下令所有驿站之间种上行道树，城乡植树之风甚浓。唐太宗按人口“永业田”，劝种桑、枣、榆及所宜之木，并可传给子孙后代永远使用。宋元以降，植树造林形成制度。宋太祖对植树者分等奖赏，还“课民种树”，夹河两岸广植榆、柳以护堤。凡是在垦荒种植桑枣者，不缴田租。对于规劝百姓植树造林有功之官吏，官职晋升一级。明太祖以农桑为立国之本，令天下广植桑、枣、柿、栗、桃，仅京都金陵（今江苏省南京市）钟山就种了50多万棵。清代设上林苑掌管林业，要求民众在不可耕之地都种上树，还加强边疆要塞的绿化，“禁伐”东北森林，保护了大小兴安岭和长白山一带的森林。

古代有“杏林春暖”的故事，讲述三国时吴国名医董奉医术高超，凡求治于他的病人，他都免费医治，但只需病人在其居住地栽种杏树就可以了。经他医好的病人不计其数，他的住处周围杏树成千上万，密布成林。后人称医者所从事的行业为“杏林”。历史上，名人倡导植树，佳话迭出。西晋文学家潘岳在河阳（今河南孟县一带）任县令时，发动百姓在黄河两岸广植桃李。东晋大诗人陶渊明，曾特意在门前栽种五棵柳树，自称“五柳先生”。唐朝文学家柳宗元被贬为柳州刺史后，曾大力倡导植树造林，他在柳江沿岸种了不少柳树，并曾写过一首自嘲诗，诗中有“柳州柳刺史，种柳柳江边”，传为

上 清明的诗情画意

美谈。宋代文学家苏东坡自幼喜欢种树。在他任杭州知府时，曾在西湖边筑堤种芙蓉、杨柳等树。北宋文学家欧阳修在扬州平山广植柳树，人称“欧阳柳”。清光绪年间，左宗棠以钦差大臣的身份督办新疆军务。大队人马载着军火物资，从潼关西进，沿途遇到黄沙弥漫，满目苍凉，左宗棠就带领队伍一边修路一边前进。同时在道路两旁栽种柳树，形成一条六百里长的柳林带，后人称为“左公柳”。光绪五年，杨昌应左宗棠之约西行，见道旁所植树木，即景生情，吟诗一首：“大将筹边尚未还，湖湘子弟满天山。新栽杨柳三千里，引得春风渡玉关。”

在陕西黄帝陵桥山山间，有一棵据说是轩辕黄帝栽种的柏树，也成为前来祭奠的海内外华夏儿女所敬仰的对象。“再造秀美江山，造福子孙后代”，“前人栽树，后人乘凉”，“十年树木，百年树人”成为一种美德。清明节植树也是我国节日文化内涵的进一步延伸，其中蕴含着继承我国优秀传统文化，传承祖先创造文明的重要意义。

1915年，当时的国民政府颁布每年的清明节为“植树节”。民主革命先驱孙中山先生十分重视植树造林。1918年4月，孙中山逝世之日3月12日被定为植树节，以示纪念。

新中国成立后，毛泽东主席发出了“绿化祖国”、“实行大地园林化”的号召。1979年2月23日，正式把每年的3月12日定为“植树节”。1981年12月，全国五届人大四次会议做出《关于开展全民义务植树运动的决议》。规定凡是条件具备的地方，年满十一岁的中国公民，除老弱病残外，因地制宜，每人每年义务植树三棵至五棵。现在，把这项活动列入清明节民俗范畴，与清明节蕴含的传统文化精神一脉相承，“植树造林，绿化祖国”，功在当代，利在千秋。

从插柳而来的植树活动，不再局限于种柳，而着眼于有利于保护自然环境。越来越多的同胞在清明选择植树这种方式来纪念自己的祖先，并期望在节日种植活动中，化出一片片浓荫，造福将来，庇护子孙后代。

蚕事习俗

清明的得名和最初的功能与农事活动密切相关。中国是世界上最早养蚕和织丝绸的国家，大约在新石器晚期即五千年前，我国先民就懂得使用蚕丝。到了商代，蚕丝业已很发达，甲骨文中已经有“桑”、“蚕”、“丝”、“帛”等字，而且与其有关的字多达一百余个。养蚕是民间一大行业，节日活动甚多。清明前后，是民间养蚕的季节，也是祭祀蚕神的节日。东汉崔寔《四民月令》记述：“清明节，命蚕妾，治蚕室，除隟穴。”说的是清明时分，传统的农事活动包括了安设、修缮蚕房和蚕架，准备开始养蚕。这项季节性的农业活动，在夏代以前就已存在。先秦时，养蚕还要举行一个庄严、肃穆而又神秘的祭蚕仪式。为养蚕做准备和举行各种形式的祭蚕、养蚕仪式，是清明节蚕事活动的两大传统内容。

上 踏春　选自清《十二月令图轴》

山东沂蒙山养蚕人家清明开始暖蚕籽，即把蚕籽用棉花包起来，放入人的棉裤腰里，俗称“暖蚕”，一直暖到谷雨（15天）。开始出壳成蚕蚁，俗谓

“清明暖蚕谷雨出，到了芒种变成蛆（幼蚕）”。将幼蚕移到草纸上叫作“扫蚕”。

人们渴望大量产丝，又害怕蚕桑害病，但很多时候又非人力所能控制，于是幻想蚕神来寄托精神和为桑蚕业保驾护航。宋朝时，江浙地区将养蚕和禁火习俗结合起来，一直延续到近代，虽有变异，但遗风犹存。江浙地区是鱼米之乡，丝绸富裕地区，养蚕的传统文化底蕴深厚。蚕农们在清明时节，仍然保留着以祛蚕祟、禳蚕石、祭蚕神为主要内容的蚕花会。中国南方地区是丝织业的集散地，自古有供奉蚕神的习俗。各地供奉的蚕神主要有三种：嫘祖、蚕姑和青衣神。各地祭祀蚕神的方式各有特点。浙江桐乡有龙船庙，清明前后，蚕农在庙前的河中集合，把两船并在一起，设为祭坛，上供蚕神，摆放供品。祭祀时向蚕神叩头，祈求蚕神保佑风调雨顺，蚕业丰收。随后有民间文艺表演，称为蚕花盛会。

嫘祖系轩辕黄帝的妻子，也是养蚕和桑麻纺织行业的老祖宗，民间称为蚕母娘娘。古代蚕农必祭嫘祖，她是农村妇孺皆知的大神。蚕姑又称马头娘，这是民间影响最大、流传最广的蚕神。相传，黄帝打败蚩尤，在庆功会上蚕神来献丝。这位蚕神头披马皮，像个仙女飘然而降，手里捧着一束金丝、一束黄丝，她就是传说中的马头娘。

上巳节与“三月三”

上巳节，又名三月三。

上巳是农历三月上旬的第一个巳日。

上巳节有祓禊、修禊和沐浴活动。沐浴是为了去灾，就是用香熏草药入汤沐浴。“祓禊”意为洗濯身体以除去身上黏附的凶疾的祭祀仪式。

在上巳节中另有临水浮卵、水上浮枣和曲水流觞三种活动。其中以临水孵卵最为古老，它是将煮熟的鸡蛋放在河水中，任其浮游，拾到者即可食之。水上浮枣和曲水流觞则是由临水孵卵演变而来的。曲水流觞，即投杯于水之上游，任其流下，止于何处，则旁边的人取而饮酒，同时赋诗一首。“觞”一般是角质或木质酒杯，另有带耳的陶杯。魏晋后，曲水流觞是上巳节的主要活动之一，唐代风行一时，至宋式微。历史上最出名的一次曲水流觞记载，是王羲之、谢安等人在兰亭修禊活动。这次会稽山兰亭（今浙江省绍兴市）

┤ 八达春游图　五代 · 赵喦

雅集、饮酒吟诗活动中，王羲之为众人所写的诗，做了一篇《兰亭集序》，并由此诞生了天下第一行书。

上巳节主要是祈求人类繁衍，但古人认为人的繁衍也能促进农作物的繁殖和生长。由于农历三月三是春耕农忙季节，南方劳动妇女开始育蚕，采桑喂蚕。

上巳节在许多少数民族地区也能寻觅到其中的背影，如朝鲜族的三巳节、土族的三月三，白族、布朗族、侗族、壮族、黎族、畲族也过上巳节。上巳节的祭祀和郊游风俗与清明节有关活动相类似，而且两者在时序上前后相连，因而上巳节的习俗逐步地融汇于清明节的民俗大观园里。

黎族“迎春节”

南方许多民族在三月三举行各种节庆活动。黎族称三月三为迎春节，同样是一个祭祀祖先、迎接春天、歌颂劳动与爱情的节日，在黎族聚居地最为隆重、也最为热闹。黎族三月三来源于其祖先兄妹成婚的传说。为了纪念天妃和南音两位先祖传宗接代的功绩，黎族群众每年三月三聚集在传说所在地，举行盛大的节日活动，人数成千上万。为庆祝这一节日，黎族同胞提前半个月就开始准备。男人上山狩猎，妇女在家里舂米、酿酒，共同制备祭品。村寨里的百姓还要带上自家制作的糕点、酒菜，云看望德高望重的长者，黎族尊敬老人的传统代代相传。节日期间，先祭拜祖先后，男女青年一边唱歌，一边跳着“槟榔舞”和“竹竿舞”，在“山恋”开始后各自寻找自己的心上人。相中后，姑娘和小伙子互赠信物，相约来年的三月三再相会。青年人还要组织爬竿、对歌、摔跤、拔河、荡秋千、吹鼻箫和弓弩射箭以及歌舞等活动和比赛。

布依族“三月三”

布依族不仅有歌唱会、祭祖先、祭山神、祭社神等仪式，还有许多五彩斑斓的节俗和传说。贵阳市乌当区一带的布依族“三月三”是一个农事节日，称为“祭地蚕”。人们在这一天拿着包谷花作供品，到附近山坡祭祀“天神”、“地蚕”，祈愿谷物满仓。贵州罗甸县的布依族此日要到祖坟挂青，杀猪宰鸡，摆设韭菜和糯米饭祭奠。罗甸县南部红水河一带的布依族，则把三月三称为“板叶节”。人们到山野踏青游春，妇女们摘几片枫叶插在头髻上，儿童们将采来的嫩枫叶做成圆球抛打玩耍。家里要把糯米染上五颜六色，做成花糯米饭食用。青年们到山坡上吹木叶、唱山歌。贵州安龙县布依族认为“三月三日”是“山神”的生日。人们为了避免山神放出蝗虫伤害庄稼，很早就有扫寨祭山神的风俗。

侗族“三月三”

侗族三月三节日活动内容也十分丰富。贵州黔东南镇远县报京侗族的三月三既是“播种节”，也是爱情的节日，称为“楼戏节”。节期从初一开始，直至初五结束。姑娘们做新装、磨制豆腐、备酒菜，与小伙子们在山坡上举行野餐。青年男女在坡会中约定相见时间。人们还要集中在村寨中心场地唱歌跳舞，表演芦笙舞，举行盛大的化妆舞会，人们头戴各种面具，尽情歌舞，最后要为前来观看的客人举行欢送仪式。广西柳州三江县富禄镇的侗族，三月三为“花炮节”，这一天侗族同胞要聚集在一起，举行抢花炮活动。花炮是一个直径约六厘米、外缠彩带的铁环，点燃火药后，铁环被轰到场地上空。当铁环坠落时，众人便去哄抢，凡抢得者便得分。同时节日期间还举行对歌、斗鸡、唱侗戏、舞狮等活动。“抢花炮”已成为我国少数民族运动会传统比赛项目，受到少数民族同胞欢迎。

苗族“三月三”

苗族的三月三节日活动多姿多彩。湖南湘西苗寨的“三月三”有“情人节”之说。每年三月三举行清明歌会，又称“赶清明”。三月三的清明歌会有传统的中心会场。届时，各寨苗族群众纷纷赶来赛歌，有唱有和。老年人对歌叙家情，年轻人对歌寻找对象。参加三月三歌会的有数万人，昼夜对唱，甚至通宵达旦。

畲族“乌饭节”

畲族三月三也叫“乌饭节”。是日，畲族人家家户户都要煮乌糯米饭祭祖，然后全家一起就餐，并将乌糯米饭馈赠亲友。吃乌米饭，有为谷米过生日的意味，同时也有侍奉谷神，迎接丰年的含义。畲族三月三既是祭祖节日，也是农事节日。福建伏安、宁德、福州和浙江景宁等地的畲族人，每年三月三都要举行“乌饭节”。节日要按传统习俗，先祭扫祖坟，接下来要办锣鼓大赛、拔河等活动，晚上表演香灯舞等。

上 江南春图卷　明·文徵明（故宫博物院藏）

壮族“歌圩节”

农历三月初三，是广西壮族举行歌圩的日子，因而这天也叫“歌圩节”，又叫歌婆节。歌圩，壮族称为“窝坡”，有到野外唱歌的意思。歌圩在壮族地区每年各季都有举办，但以农历三月三最为隆重，一般要持续三至五日。也有歌圩是为了纪念壮族歌仙刘三姐的说法，故而叫“歌仙会”。

每到歌圩期间，青年男女身着节日服装，云集于山间旷野或竹林草坡，即兴对唱山歌，相互盘答，以及进行男女间的社交活动，选择或会见情人。歌圩是歌的海洋，也是欢乐的海洋。

塔吉克族的“引水节”与“播种节”

塔吉克族人多居于新疆帕米尔高原，既传承草原生态文化，又掌握农耕技术。农业方面，种植青稞、豌豆和小麦等耐寒作物成为其生产特色。由此产生的“引水节”和“播种节”是塔吉克族的传统农事节日。

“引水节”，塔吉克语为“孜瓦尔”；“播种节”称“哈莫孜瓦斯特”。春季到来，塔什库尔干的塔吉克人要破冰引水，灌溉耕田，并为之欢庆，相伴而来的节日为“引水节”。节日一般在3月22日至4月22日，长达一月之久，是塔吉克人的春月。每年还要在春耕春播前过一个“播种节”，盼望雨水均匀，温润适度，得随所愿。

“引水节”时，大家要带上破冰引水用的工具和烤制的大馕，骑马到引水的地方。整修水渠、砸破冰层、引水入渠，都是重活儿和累活儿，但大家都抢着干。引水成功，人们便欢呼雀跃，彼此祝贺，并聚于水渠边品尝烤馕的美味，弥漫出节日的气氛。大家坐在一起祈祷，祈求丰盈的水源不要断流，农作物的生长没有灾害。这一天，塔吉克人要举行赛马、叼羊比赛来庆贺，共享节日的喜庆和欢乐。过后，就是春耕最忙最紧要的时节。

“播种节”当天，全村人都要来田间地头，把麦种堆放一处，举行春播仪式。塔吉克人的长者面对天空和大地祈祷，然后把麦子撒向人群和田野，撒种时要燃柴禾。一人撒种，剩下的人要用衣襟接麦种，带回家。接着请一位老妇象征性地在田间绕圈翻挖土地，牵耕牛犁几行地，用手撒一点麦种，表示开播。这头耕牛将得到面食品的犒劳，希望它再接再厉，投身春耕生产。人们分发完口袋里的麦种后，开渠引溪水注入农田。大人小孩互相往身上泼水，庆贺春耕良好的开端，预祝麦谷作物有好收成。

节日当中，若有客人来，妇女会端清水门外候着，客人进门，几盆水就会泼在客人身上，泼的水越多，表示受到的礼遇越高。同时，表明了人寿年丰的愿望越强烈。

饮食

清明节除扫墓祭祖外，其食俗也是丰富多彩的。清明节的饮食习俗有很长的渊源，据《周礼》记载，当时有“仲春以木铎修火禁于国中”的法规，于是百姓熄炊，“寒食三日”。在寒食期间，即清明前一二日，还特定为“寒日节”。

古代每逢寒食，人们即不生火做饭，只吃冷食。在北方，老百姓只吃事先做好的冷食如枣饼、麦糕等；在南方，则多为青团和糯米糖藕。此外还有糯米酪、麦酪，杏仁酪等。这些食品都可事前制就，供寒日节充饥，不必举火为炊。

旧时寒食节主要吃粥。据《荆楚岁时记》记载：“去冬节一百五日，即有疾风甚雨，谓之寒食。禁火三日，造饧大麦粥。”陆魁《邺中记》也有“寒食三日做醴酪。又：煮粳米及麦为酪，捣杏仁煮作粥”的记载，此粥多用搅拌的方法制成，

古代仕女清明时节赏花

故不用火。另外还有“桃花粥”，这是唐代汉族寒食节的食物，流行于河南洛阳地区。《广群芳谱》中说：当地民间在寒食节，采摘鲜桃花，配上好米煮成粥，味道鲜美，富于营养。这个风俗一直流行到明末。清代孔尚任的《桃花扇·寄扇》一出就有这样的唱词："三月三刘郎到了，携手儿下妆楼，桃花粥吃个饱。"

清明节还有吃蛋以及染蛋、斗蛋的习俗。这一风俗早在南北朝时就已非常流行。清明节蛋一般分为两种：一种是"画蛋"，将鸡蛋或鸭蛋煮熟后，用茜草汁作为染料，在蛋壳上画花卉，数日后将蛋壳剥去，蛋白上便留下蓝色花纹图案。另一种是"雕蛋"，将鸡蛋或鸭蛋煮熟后，先用笔在蛋壳上画上花纹，然后用刀雕刻，将整只蛋镂空，将蛋黄蛋白取出。画蛋可吃，雕蛋供玩赏。每到清明节时，人们将鸡蛋、鸭蛋、鹅蛋染上蓝的或红的颜色，雕出好看的花纹，用来祭祀和相互赠送。

清明节的饮食习俗还有很多，如糯米酪、麦酪、枣糕、冻猪肉、冻鱼肉、杏仁酪、夹心饼、干粥等。由于年代不同、地区不同，食俗的内容和形式也不同。它们有的已经消失，有的仍然保留到今天。例如：

清明节，江南一带最有特点的是吃青团子的习俗。青团子是用一种名叫"浆麦草"的野生植物捣烂后挤压出汁，用这种汁同晾干后的水磨纯糯米粉拌匀揉和，制作而成。团子的馅儿用红豆沙制成，包馅时，放入一小块糖猪油。团坯入笼蒸熟后用毛刷将熟菜油均匀地刷在团子的表面。制成的青团子油绿如玉、糯韧绵软、清香扑鼻，吃起来甜而不腻、肥而不腴。青团子还是江南一带人用来祭祀祖先必备食品。因此，在江南一带的民间食俗中显得格外重要。

吃馓子是我国南北各地共有的清明节食俗。"馓子"是一种油炸食品，古时叫"寒具"。流行于汉族地区的馓子有南北方的差异：北方馓子大方洒脱，以麦面为主料；南方馓子精巧细致，多以米面为主料。在少数民族地区，馓子的品种繁多，风味各异，尤以维吾尔族、东乡族、纳西族以及宁夏回族的馓子最为有名。

清明时节，正是采食螺蛳的最佳时节。这个时候螺蛳还未繁殖，最为丰满、肥美，故有"清明螺，抵只鹅"之说。农家有个吃螺蛳的习惯，用针挑出螺蛳肉烹食，叫"挑青"。吃后将螺蛳壳扔到房顶上，据说屋瓦上发出的滚动声能吓跑老鼠，有利于清明后的养蚕。螺蛳食法颇多，可佐以葱、姜、酱油、料酒、白糖同炒；也可煮熟挑出螺肉，凉拌、醉浸、糟腌、炝炒，无所不适。若食法得当，可称得上"一味螺蛳千般趣，美味佳酿均不及"。也是这个时节，江南田野荠菜花开，人们要用荠菜做馄饨过节。而浙江

上 仕女游春（杨柳青年画）

绍兴人清明扫墓时要用黄花青果糕作供品和让儿童食用。此外，四川人每到寒食，用麦草捣汁做青粉团，用乌桕汁染乌饭做糕；北京人用香椿芽拌面筋、嫩柳叶拌豆腐做寒食食品。

在山东，即墨吃鸡蛋和冷饽饽；莱阳、招远、长岛吃鸡蛋和冷高粱米饭，据说这样就不会遭冰雹；泰安吃冷煎饼卷生苦菜，据说吃了眼睛明亮。

浙江湖州，清明节家家裹粽子，既作上坟的祭品，也作踏青的干粮。俗话说："清明粽子稳牢牢。"

一些清明食俗还蕴含了丰富的寓意。

清明节很多地方有蒸白面鸟的习俗。这种习俗古已有之，称为"枣固飞燕"，据说是用来祭拜介子推的。清末民初的各地方志中记载了："蒸白面鸟与儿童戏，名曰'寒燕'。蒸寒食点心，可入药。""清明节，家家均制面制寒鸦，护送亲友，以示纪念介子推火焚绵山之意，并传闻此种面鸦可治泄疾。"在清明祭食中还有面点"蛇盘兔"，可寓意"蛇盘兔，必定富"。浙江临安地区，家家户户在清明节时用嫩莲藕拌糯米粉，做成"清明狗"，做完后挂起来，直到立夏才取下来烧着吃了，在民间有"吃了清明狗，一年健到头"的说法。

晋南人过清明时，习惯用白面蒸大馍，中间夹有核桃、枣儿、豆子，外面盘成龙形，龙身中间扎一个鸡蛋，名为"子福"。要蒸一个很大的总"子福"，象征全家团圆幸福。上坟时，将总"子福"献给祖灵，扫墓完毕后全家分食之。晋北地区，习惯生黑豆芽，并用玉米面包黑豆芽馅食用；晋西北地区则讲究用黍米面做饼，俗称"摊黄儿"。

在上海，有的人家清明节爱吃桃花粥，在扫墓和家宴上爱食用刀鱼，并用柳条将祭祀用过的蒸糕饼团贯穿起来，晾干后存放着，到立夏那天，将之油煎，给小孩吃，据说吃了以后不得疰夏病。

吃薄饼是闽南一带清明节的习俗。薄饼亦称春饼、春卷、润饼，是厦门的名小吃，以皮薄、馅料精细著称。据民国《厦门市志》："三月初三，为'上巳节'，俗称三月节，漳人均于是日制春饼，祭祖先。""清明节，泉人均于是日制春饼，祭祖先。"所说漳泉人祭祖食用的春饼，则在三月节、清明节才有。还有"二月二薄饼祀"的民谚。传说是日为土地婆生日，因为她主张"富的富顶天，穷的穷寸铁"，遭人们反对，特意用她不敢吃的蚵仔，烹调糯米饭，作为薄饼的佐料，令她吃不下，饿肚皮，才知穷人之苦。道光版《厦门志》载有：二月初二日，家造蛎房（蚵仔）饭为供。台湾称薄饼为润饼（与同安早期的称呼一样），也是由厦门传入的。清明蒿，又称清明菜，学名鼠曲草，闽西北一带清明前后随处可见，将其嫩叶烫熟剁碎，和蒸熟的粳米一起放在臼里碾烂，揉成薄饼，包上甜的豆沙、芝麻馅和咸的瘦肉、香菇、冬笋馅，就成了香甜可口的春饼。

台湾民众清明节祭祖时的供品主要是米糕、粿类及十余种蔬菜。在修整祖坟的时候，全家人要在坟墓四周吃红蛋，蛋壳撒在墓地，以示生生不息。

浙江桐乡河山镇有“清明大似年”的说法，十分重视清明夜的全家团圆晚餐，饭桌上少不了这样几个传统菜：炒螺蛳、

上 清明祭祖——烧包袱

糯米嵌藕、发芽豆、马兰头等。这几样菜都跟养蚕有关。吃藕是祝愿蚕宝宝吐的丝又长又好，吃发芽豆是博得“发家”的口彩，吃马兰头等时鲜蔬菜，取其“青”字，又合“清明”之“青”。

有些地方，清明节这天还要办社酒。同一宗祠的人家在一起聚餐，或在宗祠，或同一高祖以下各房子孙们聚在一起。社酒的菜肴，荤以鱼肉为主，素以豆腐青菜为主，酒以家酿甜白酒为主。

古代清明节是祭祀的节日，一般人家要用四碟六碗时馐和清酒祭奠祖先。祭祀完毕，全家人和应邀前来的亲戚共享酒菜，叫作“吃清明”。在有些布依族苗族聚居的地区，就有在坟头聚餐的习俗。祭祀时每家各备一只鸡或一只鸭，还有鞭炮和纸钱、香、烛。将带去的鱼肉和宰杀的鸡鸭清洗、装盘，先端在祖先坟头祭祀，再剁碎下锅。锅灶是由三块石头临时垒起来的，将荤菜煮熟后，再舀到小锅里，置在炭火炉上，即：吃火锅。按年龄层次，分成六摊，就在祖宗坟头用餐。回忆祖先的功德，畅叙各自的情怀，展望美好的明天。

今天，有关寒食节的食品大多已经失传。然而，若是有人认真地研究一下，说不定会有意外的收获呢！

游艺

清明节的习俗是丰富有趣的，除了讲究禁火、扫墓，还有踏青、荡秋千、蹴鞠、打马球、插柳等一系列风俗体育活动。相传这是因为清明节要寒食禁火，为了防止寒食冷餐伤身，所以大家来参加一些体育活动，以锻炼身体。因此，这个节日中既有祭扫新坟生别死离的悲酸泪，又有踏青游玩的欢笑声，是一个富有特色的节日。

荡秋千（故宫博物院藏）

[荡秋千]

古代，清明节有荡秋千的习俗。秋千，古字两字均有“革”字旁，千字还带走字，意思是揪着皮绳而迁移。早在远古时代，人们为了获得高处的食物，在攀登中创造了荡秋千的活动。最早称之为“千秋”。传说为春秋时代北方的山戎民族所创。开始仅是一根绳子，双手抓绳而荡。

后来，齐桓公北征山戎族，把“千秋”带入中原。至汉武帝时，宫中以“千秋”为祝寿之词，取“千秋万寿”之意，以后为避忌讳，将“千秋”两字倒转为“秋千”。以后逐渐演化成用两根绳加踏板的秋千。《荆楚岁时记》记载：“春时悬长绳于高木，士女衣彩服坐于其上而推引之，名曰打秋千。”在唐代，荡秋千已经是很普遍的游戏，并且成为清明节习俗的重要内容。秋千成为专供妇女玩耍的游戏，以练习轻捷、矫健。打秋千时，人在空中荡来荡去，翩翩若飞，很有趣味。《开元天宝遗事》记载：“宫中至寒食节，竞竖秋千，令宫嫔辈笑以为宴乐，帝呼之为半仙之戏。”元明清三代定清明节为秋千节。

古时的秋千多用树丫枝为架，再拴上彩带做成。后来逐步发展为用两根绳索加上踏板的秋千。打秋千不仅可以增进健康，而且可以培养勇敢精神，至今为人们特别是儿童所喜爱。

[放风筝]

放风筝也是清明时节人们所喜爱的活动。风筝据传在我国大约有两千多年的历史，特别是唐朝以后更为流行。清人潘荣陛所著《帝京岁时纪胜》记载：“清明扫墓，倾城男女，纷出四郊，提酌挈盒，轮毂相望。各携纸鸢线轴，祭扫毕，即于坟前施放较胜。”古人还认为清明的风很适合放风筝。《清嘉录》中说：“春之风自下而上，纸鸢因之而起，故有‘清明放断鹞’之谚。”

十美放风筝（杨柳青年画）

儿童放风筝

上　春风得意（杨柳青年画）

明清时北京人制作的技术娴熟、精巧，并形成了曹氏、哈氏、金氏和马氏四大流派风筝。其中“曹氏风筝”是指著名文学家曹雪芹制作的风筝，在扎、糊、绘、放四个方面更独特，他还专门写过一本《南鹞北鸢考工记》，对风筝制作、放飞的方式做全面论述。他在《红楼梦》中还多次写到了风筝。

在古人那里，放风筝不但是一种游艺活动，而且是一种巫术行为，他们认为放

风筝可以放走自己的秽气。所以很多人在清明节放风筝时，将自己知道的所有灾病都写在纸鸢上，等风筝放高时，就剪断风筝线，让纸鸢随风飘逝，象征着自己的疾病、秽气都让风筝带走了。每逢清明时节，人们不仅白天放，夜间也放。夜里在风筝下或风稳拉线上挂上一串串彩色的小灯笼，像闪烁的明星，被称为“神灯”。过去，有的人把风筝放上蓝天后，便剪断牵线，任凭清风把它们送往天涯海角。据说这样能除病消灾，给自己带来好运。也有人在放风筝时，把所有的烦恼写在纸上，让它随风筝飞上蓝天，认为一切烦恼都会随风而去。以后放风筝逐步成为人们的一项休闲活动，其样式和制作材料、工艺也发生了很大变化，放飞的时间也不仅局限于清明时节了。

中国有句古话：“鸢者长寿。”意思是说，经常放风筝的人寿命长。传统中医认为，放风筝者沐浴和煦的阳光和春风，有“疏泄内热，增强体质之益”。清代文献即指出：“今人乘风放纸鸢，令小儿张口望视以泄内热。”史书《续博物志》也有“放风筝，张口仰视，可以泄热”之说。放风筝时，通过手、眼的配合和四肢的活动，可以达到疏通经络、调和气血、强身健体的目的，对神情抑郁、视力减退、失眠健忘、肌肉疲劳等症均有祛病养生的作用。（1）放风筝可以让身体随着放飞的风筝，身体不停地移动，跑跑停停的肢体运动不仅可舒展筋骨，还能增强心肺功能，增强新陈代谢，增强体质。（2）在风和日丽的大自然中放风筝是最好的日光浴、空气浴。由于尽情呼吸着新鲜空气，吐故纳新，能促进人体的新陈代谢，改善血液循环状态，从而获得消除冬日气血积郁、祛病健身之功效。（3）放风筝能让人心情开朗，心境愉悦。放飞时，大脑高度集中，无疑会消除人的内心杂念；放飞者极目蓝天，其心胸也会感到开阔。（4）放风筝时，双目面对蓝天，飞行的风筝千姿百态，可以消除眼肌疲劳，调节和改善视力，预防近视和弱视。（5）放风筝也是一项健脑运动，制作一只绚丽多彩、新颖别致的风筝也是一种创造。当人们眺望自己的作品摇曳万里晴空时，专注、欣慰、恬静，这种精神状态强化了高级神经活动的调节功能。近年来，国内外有些医院和疗养院采用"风筝康复疗法"治疗精神抑郁、神经衰弱、心绪烦乱、失眠健忘、食欲不振、高血脂、高血压、少儿发育不良等多种疾病，取得了意想不到的康复效果。

⊥ 蹴鞠图 （上海博物馆藏）

[蹴鞠]

"鞠"是一种皮球。"蹴鞠"为用足去踢球，是古代清明节时人们喜爱的一种游戏。据《说苑》记载，相传为黄帝发明，目的是用来训练武士。"鞠"在战国时代已开始流行。其时的鞠"皮为之，中实以毛"。唐代用动物的膀胱为球胆，内中充气，增加了球的弹性，可拳打脚踢。

大约在汉代有了蹴鞠的专著《蹴鞠经》。唐宋时出现蹴鞠的专门组织球会"圆社"。杜甫"十年蹴鞠将雏远，万里秋千习俗同"的诗句说明在唐朝时，清明蹴鞠已十分兴盛。唐人仲无颜在《气球赋》中描写了时人足球赛的情景，"寒食景妍，交争竞逐，驰突喧闹，或略地以丸走，乍陵空似月圆"。当时的球赛有两人对踢的"白打"，即以踢的花样和次数多少决定胜负；亦有三人踢的"官场"。到

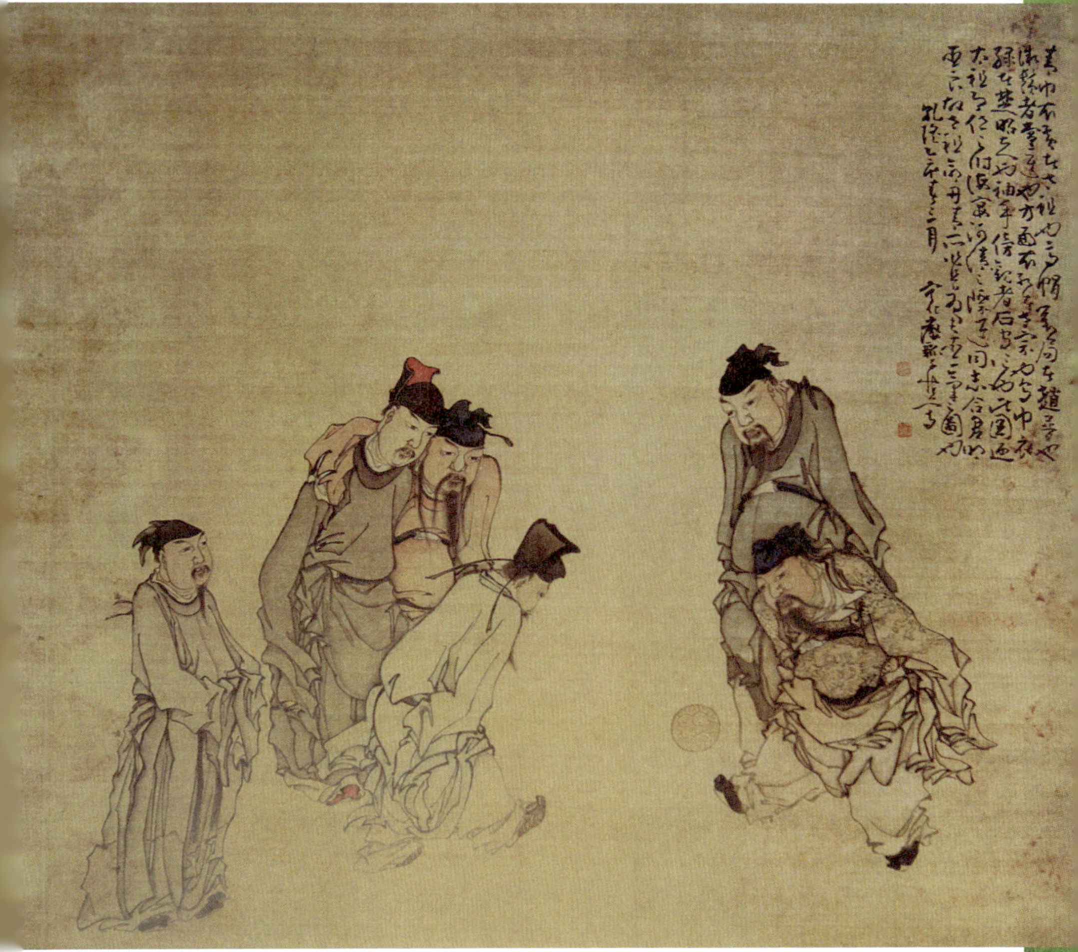

蹴鞠图 清·黄慎

了宋代，开始使用球门，同时有了评判胜负的裁判员，此为现代足球的前身。蹴鞠不仅在民间十分流行，在宫内亦然。韦庄在《长安清明》中说："内宫初赐清明火，上相闲分白打钱。”王建在《宫词》中亦说：“殿前铺设两边楼，寒食官人步打球。”韦应物的《寒食后北楼作》一诗中，有“遥闻击鼓声，蹴鞠军中乐”的诗句，说明除了民间和宫廷，军队中亦开展踢球活动。

据说唐僖宗非常喜欢踢球，他曾对俳优石野猪夸口说：“腾若步打进士，当得状元。”宋徽宗也非常喜欢蹴鞠，高俅之所以深得徽宗宠信，并被封为太尉，就是因为他“踢得好脚气球”。

跨越历史距离，消亡的古代蹴鞠又在兴盛的现代足球运动中获得新生。2004年7月15日，国际足联主席布拉特先生向世界正式宣布“足球起源于中国”，山东淄博被正式确认为世界足球起源地。

[拔河]

拔河也是清明的节俗，古称牵钩、俗戏。相传始于春秋战国时期。明明是拔绳，为什么叫“拔河”呢？早在春秋时期，长江流域的楚国水军，在长期的战斗中发明了一种“钩拒”的兵器，用它钩住敌船，使其无法逃脱。不久，敌国也仿制了钩拒，战斗中你钩我拒地拼力气，力大的一方往往能取胜。水兵把这种方法带到民间，变成斗力比赛的钩拒战。唐朝时，钩拒战活动已在全国广泛开展，由水上扩大到陆地上，钩拒改用麻绳。史书中记载：“大麻绳长四五十丈，两头分系小索数百条。大绳正中插一杆大旗，大旗两边各画一等距横线，称为‘河界’。”以将对方拔过“河界”为胜，这就是拔河运动的由来。

《隋书·地理志下》说：“南阳、襄阳有牵钩戏，俗言以此厌胜，用致丰穰。”而唐玄宗《观拔河俗戏》诗序也讲：“此戏必致年丰，故命北军以求岁稔。”可知施钩之戏是祈求丰收的活动。唐代的拔河也在清明进行。武平一《景龙文馆记》记载了中宗于景龙四年清明幸梨园以臣下拔河为笑乐之事：“清明节，唐中宗命侍臣为拔河之戏，以大麻絙两头系千条小绳，数人执之争挽，以力弱者为输。……景龙四年，上御梨园，令三品以上抛球拔河，韦巨源、唐休景衰老，随仆地，不能兴，上及皇后妃临观大笑。”可见古代参加拔河的人数比现在的多得多。一声令下，河界两边选手紧挽绳索，“使相牵引”，围观者“震鼓叫噪，为之鼓劲”。在时值春耕春种的清明时节举行拔河，具有祈求丰收意味，历代帝王自然非常重视。

据说清明拔河也是为了舒展筋骨，健体强身。过去一进入冬季，人们就很少出门，多在室内生活，活动的空间很小。春暖花开，就赶紧出来活动活动，而拔河需要全身运动，既呼吸了新鲜空气，又锻炼了身体，可谓一举两得。拔河运动在我国有着悠久的历史和广泛的群众基础。随着时间的推移，它已从自发的民间游戏行为逐步发展成为比较成熟的集健身、娱乐、竞技、观赏为一体的，并为广大人民群众所喜闻乐见的体育项目。

[斗鸡 斗蛋]

斗鸡作为一种娱乐活动，早在春秋时就相当流行。传承至唐代，风靡一时，并形成了主要于清明时斗鸡的习俗。

唐玄宗在即位前就十分喜爱斗鸡活动。待他即位以后，在宫中专门修建了鸡坊，选养了千余只“金毫铁距、高冠昂尾”的雄鸡，并派五百小儿专门负责训养。皇帝如此，达官显贵争先效仿。许多人为此不惜重金，以至倾家荡产。由于斗鸡之风大兴，城中男女均事斗鸡，贫寒者无资购鸡，便以玩假鸡为乐。

传说唐玄宗在一次出游途中，遇一小儿贾昌玩木鸡。玄宗将小儿召入宫中，使其在鸡坊训养雄鸡。因贾昌训养有方，深得玄宗赏识，遂“金帛之赐，日到其家”。贾昌在当时号称“神鸡童”，社会地位日变。他的父亲去世时，唐玄宗下令“县令为葬器丧车”。时人有诗讽刺说：“生儿不用识文字，斗鸡走马胜读书，贾家小儿年十三，富贵荣华代不如。”

关于斗鸡的记载，早期可见于《战国策·齐策》、《左传》、《史记》等书。《三辅黄图》记载汉长乐宫有斗鸡台。汉画像石、画像砖有屡见不鲜的斗鸡图。唐杜淹在《咏寒食斗鸡应秦王教》中对斗鸡的场面做了淋漓尽致的描写：“寒食东郊道，扬鞲竞出笼。花冠初照日，芥羽正生风。顾敌知心勇，先鸣觉气雄。长翘频扫阵，利爪屡通中。飞毛遍绿野，洒血渍芳丛。虽然百战胜，会自不论功。”

除了斗鸡之外，还有斗鸡蛋的游戏。南朝梁宗懔《荆楚岁时记》载：“（寒食）斗鸡，镂鸡子，斗鸡子。”这里的“鸡子”就是鸡蛋。斗鸡今多见，斗鸡蛋多是乡间小儿互相撞碰鸡蛋的一种游戏。在古代，用作碰撞争斗的鸡蛋多是染色、雕刻过的，十分精美，以鸡蛋相碰撞，未破者为胜。

文艺

[清明诗句]

清　明

唐·杜牧

清明时节雨纷纷，路上行人欲断魂。

借问酒家何处有？牧童遥指杏花村。

清明二首

唐·杜甫

（一）

朝来新火起新烟，湖色春光净客船。

绣羽衔花他自得，红颜骑竹我无缘。

胡童结束还难有，楚女腰肢亦可怜。

不见定王城旧处，长怀贾傅井依然。

虚霑焦举为寒食，实借严君卖卜钱。

钟鼎山林各天性，浊醪粗饭任吾年。

⊥ 牧马图

（二）

此身飘泊苦西东，右臂偏枯半耳聋。
寂寂系舟双下泪，悠悠伏枕左书空。
十年蹴鞠将雏远，万里秋千习俗同。
旅雁上云归紫塞，家人钻火用青枫。
秦城楼阁烟花里，汉主山河锦绣中。
风水春来洞庭阔，白苹愁煞白头翁。

清　明

唐 · 杜甫

著处繁花务是日，长沙千人万人出。
渡头翠柳艳明眉，争道朱蹄骄啮膝。
此都好游湘西寺，诸将亦自军中至。
马援征行在眼前，葛强亲近同心事。
金镫下山红粉晚，牙樯捩柁青楼远。
古时丧乱皆可知，人世悲欢暂相遣。
弟侄虽存不得书，干戈未息苦离居。
逢迎少壮非吾道，况乃今朝更祓除。

小寒食舟中作

唐 · 杜甫

佳辰强饮食犹寒，隐几萧条戴鹖冠。
春水船如天上坐，老年花似雾中看。
娟娟戏蝶过闲幔，片片轻鸥下急湍。
云白山青万余里，愁看直北是长安。

清明日登老君阁望洛城赠韩道士

唐　白居易

风光烟火清明日，歌哭悲欢城市间。
何事不随东洛水，谁家又葬北邙山。

中桥车马长无已，下渡舟航亦不闲。

冢墓累累人扰扰，辽东怅望鹤飞还。

寒食野望吟

唐·白居易

乌啼鹊噪昏乔木，清明寒食谁家哭。

风吹旷野纸钱飞，古墓垒垒春草绿。

棠梨花映白杨树，尽是死生别离处。

冥冥重泉哭不闻，萧萧暮雨人归去。

⊥ 唐诗意境：折柳赠别

↑ 古人描绘的清明时节春色图

寒食城东即事

唐·王维

清溪一道穿桃李，演漾绿蒲涵白芷。

溪上人家凡几家，落花半落东流水。

蹴鞠屡过飞鸟上，秋千竞出垂杨里。

少年分日作遨游，不用清明兼上巳。

途中寒食

唐·宋之问

马上逢寒食，途中属暮春。

可怜江浦望，不见洛阳人。

北极怀明主，南溟作逐臣。

故园肠断处，日夜柳条新。

寒食江州满塘驿

唐·宋之问

去年上巳洛桥边，今年寒食庐山曲。

遥怜巩树花应满，复见吴洲草新绿。

吴洲春草兰杜芳，感物思归怀故乡。

驿骑明朝宿何处？猿声今夜断君肠。

寒食还陆浑别业

唐·宋之问

洛阳城里花如雪，陆浑山中今始发。

旦别洛桥杨柳风，夕卧伊川桃李月。

伊川桃李正芳新，寒食山中酒复春。

野老不知尧舜力，酣歌一曲太平人。

寒 食

唐·韩翃

春城无处不飞花，寒食东风御柳斜。

日暮汉宫传蜡烛，轻烟散入五侯家。

湖寺清明夜遣怀

唐·李群玉

柳暗花香愁不眠，独凭危槛思凄然。

野云将雨渡微月，沙鸟带声飞远天。

久向饥寒抛弟妹，每因时节忆团圆。

饧餐冷酒明年在，未定萍蓬何处边。

清明后登城眺望

唐·刘长卿

风景清明后，云山睥睨前。

百花如旧日，万井出新烟。

草色无空地，江流合远天。

长安在何处，遥指夕阳边。

古代仕女清明游园

阊门即事

唐 · 张继

耕夫召募逐楼船，春草青青万顷田。

试上吴门窥郡郭，清明几处有新烟。

清　明

宋·王禹偁

无花无酒过清明，兴味萧然似野僧。

昨日邻家乞新火，晓窗分与读书灯。

上 江山殿阁图　南宋

苏堤清明即事

宋·吴惟信

梨花风起正清明，游子寻春半出城。

日暮笙歌收拾去，万株杨柳属流莺。

寒食上冢

宋·杨万里

径直夫何细！桥危可免扶？

远山枫外淡，破屋麦边孤。

宿草春风又，新阡去岁无。

梨花自寒食，进节只愁余。

郊行即事

宋·程颢

芳草绿野恣行时，春入遥山碧四围。

兴逐乱红穿柳巷，困监流水坐苔矶。

莫辞盏酒十分劝，只恐风花一片飞。

况是清明好天气，不妨游衍莫忘归。

寒 食

宋·文天祥

苦海周遭断去帆，东风吹泪向天南。

龙蛇泽里清明五，燕雀笼中寒食三。

扑面风沙惊我在，满襟霜露痛谁堪。

何当归骨先人墓，千古不为丘首惭。

东栏梨花

宋·苏轼

梨花淡白柳深青，柳絮飞时花满城。

惆怅东南一枝雪，人生看得几清明。

次韵柳子玉见寄

宋·苏轼

薄雷轻雨晓晴初，陌上春泥未溅裾。

行乐及时虽有酒，出门无侣漫看书。

遥知寒食催归骑，定把鸱夷载后车。

他日见邀须强起，不应辞病似相如。

观化十五首之五

宋 · 黄庭坚

一原风俗异衣裘，流落来从绵上州。

未到清明先禁火，还依桑下系千秋。

⊥ 柳溪春色图　北宋

清　明

宋·黄庭坚

佳节清明桃李笑，野田荒芜自生愁。

雷惊天地龙蛇蛰，雨足郊原草木柔。

人乞祭余骄妾妇，士甘焚死不公侯。

贤愚千载知谁是，满眼蓬蒿共一丘。

送陈秀才还沙上省墓

明·高启

满衣血泪与尘埃，乱后还乡亦可哀。

风雨梨花寒食过，几家坟上子孙来？

清明前一日

清·李渔

正当离乱时，莫说艳阳天。

地暖易寒食，烽多难禁烟。

战场花是血，驿路柳为鞭。

荒垅关山隔，凭谁寄纸钱。

上 柳塘牧马图　北宋

[清明词]

望江南

宋·苏轼

春未老，风细柳斜斜。
试上超然台上看，半壕春水一城花。
烟雨暗千家。

寒食后，酒醒却咨嗟。
休对故人思故国，且将新火试新茶。
诗酒趁年华。

木兰花慢

宋·柳永

拆桐花烂漫，乍疏雨、洗清明。
正艳杏烧林，缃桃绣野，芳景如屏。
倾城，尽寻胜去，骤雕鞍绀幰出郊坰。
风暖繁弦脆管，万家竞奏新声。

盈盈，斗草踏青。人艳冶，递逢迎。
向路旁往往，遗簪堕珥，珠翠纵横。
欢情，对佳丽地，信金罍罄竭玉山倾。
拚却明朝永日，画堂一枕春酲。

破阵子

宋 · 晏殊

燕子来时新社,梨花落后清明。

池上碧苔三四点，叶底黄鹂一两声。

日长飞絮轻。

巧笑东邻女伴，采桑径里逢迎。

疑怪昨宵春梦好，元是今朝斗草赢。

笑从双脸生。

点绛唇

宋 · 李清照

蹴罢秋千，起来慵整纤纤手。

露浓花瘦，薄汗轻衣透。

见客人来，袜刬金钗溜。

和羞走。倚门回首，却把青梅嗅。

岁朝欢庆图　清 · 姚文瀚
（台北故宫博物院藏）

[清明文章选读]

放晦气

一语未了，只听窗外竹子上一声响，恰似窗屉子倒了一般，众人吓了一跳。丫鬟们出去瞧时，帘外丫头子们回道："一个大蝴蝶风筝，挂在竹梢上了。"众丫鬟笑道："好一个齐整风筝。不知是谁家放的，断了线？咱们拿下他来。"宝玉等听了，也都出来看时，宝玉笑道："我认得这风筝，这是大老爷那院里嫣红姑娘放的。拿下来给他送过去罢。"紫鹃笑道："难道天下没有一样的风筝，单他有这个不成？二爷也太死心眼儿了。我不管，我且拿起来。"探春笑道："紫鹃也太小器，你们一般有的，这会子拾人走了的，也不嫌个忌讳？"黛玉笑道："可是呢。把咱们的拿出来，咱们也放放晦气。"

丫头们听见放风筝，巴不得一声儿，七手八脚，都忙着拿出来，也有美人儿的，也有沙雁儿的。丫头们搬高墩，捆剪子股儿，一面拨起子来。宝钗等立在院门前，命丫头们在院外敞地下放去。宝琴笑道："你这个不大好看，不如三姐姐的那一个软翅子大凤凰好。"宝钗回头向翠墨笑道："你去把你们的拿来也放放。"宝玉又兴头起来，也打发个小丫头子家去，说："把昨日赖大娘送的那个大鱼取来。"小丫头去了半天，空手回来，笑道："晴雯姑娘昨儿放走了。"宝玉道："我还没放一遭儿呢。"探春笑道："横竖是给你放晦气罢了。"宝玉道："再把大螃蟹拿来罢。"丫头去了，同了几个人，扛了一个美人并籰子来，回说："袭姑娘说：昨儿把螃蟹给了三爷了，这一个是林大娘才送来的，放这一个罢。"宝玉细看了一回，只见这美人做的十分精致，心中欢喜，便叫放起来。此时探春的也取了来了，丫头们在那山坡上已放起来。宝琴叫丫头放起

十美踢球图（杨柳青年画）

一个大蝙蝠来，宝钗也放起个一连七个大雁来。独有宝玉的美人儿，再放不起来。宝玉说丫头们不会放，自己放了半天，只起房高，就落下来，急的头上的汗都出来了。众人都笑他，他便恨的摔在地下，指着风筝说道："要不是个美人儿，我一顿脚跺个稀烂！"黛玉笑道："那是顶线不好。拿去叫人换好了，就好放了。再取一个来放罢。"

宝玉等大家都仰面，看天上这几个风筝起在空中。一时风紧，众丫鬟都用绢子垫着手放。黛玉见风力紧了，过去将籰子一松，只听豁喇喇一阵响，登时线尽，风筝随风去了。黛玉因让众人来放。众人都说："林姑娘的病根儿都放了去了，咱们大家都放了罢。"于是丫头们拿过一把剪子来，铰断了线。那风筝都飘飘摇摇随风而去，一时只有鸡蛋大，一展眼只剩下一点黑星儿，一会儿就不见了。众人仰面说道："有趣，有趣！"说着，有丫头来请吃饭，大家方散。

（节选自《红楼梦》第七十回清·曹雪芹著）

清明节

清明节，寻常京师以冬至后一百五日为大。寒食前一日谓之"炊熟"，用面造枣飞燕，柳条串之，插于门楣，谓之"子推燕"。子女及笄者，多以是日上头。寒食第三节，即清明日矣。凡新坟皆用此日拜扫。都城人出郊。禁中前半月发宫人车马朝陵，宗室南班近亲，亦分遣诣诸陵坟享祀，从人皆紫衫白

选自《月曼清游图册》清·陈枚

欢天喜地（杨柳青年画）

绢三角子青行缠，皆系官给。节日亦禁中出车马，诣奉先寺道者院祀诸宫人坟，莫非金装绀幰，锦额珠帘，绣扇双遮，纱笼前导。士庶阗塞诸门，纸马铺皆于当街用纸衮叠成楼阁之状。四野如市，往往就芳树之下，或园囿之间，罗列杯盘，互相劝酬。都城之歌儿舞女，遍满园亭，抵暮而归。各携枣、炊饼，黄胖、掉刀，名花异果，山亭戏具，鸭卵鸡雏，谓之"门外土仪"。轿子即以杨柳杂花装簇顶上，四垂遮映。自此三日，皆出城上坟，但一百五日最盛。节日坊市卖稠饧、麦糕、乳酪、乳饼之类。缓入都门，斜阳御柳；醉归院落，明月梨花。诸军禁卫，各成队伍，跨马作乐四出，谓之"摔脚"。其旗旄鲜明，军容雄壮，人马精锐，又别为一景也。

（节选自《东京梦华录》宋·孟元老著）

清明节

清明交三月节，前两日谓之"寒食"。京师人从冬至后数起，至一百五日。便是此日，家家以柳条插于门上，名曰"明眼"，凡官民不论小大家，子女未冠笄者，以此日上头。寒食第三日，即清明节，每岁禁中命小内侍于阁门用榆木钻火，先进者赐金碗、绢三匹。宣赐臣僚巨烛，正所谓"钻燧改火"者，即此时也。禁中前五日，发宫人车马往绍兴攒宫朝陵。宗室南班，亦分遣诸陵，行朝享礼。向者从人官给紫衫、白绢、三角儿青行缠，今亦遵例支给。至日，亦有车马诣赤山诸攒，并诸宫妃王子坟堂，行享祀礼。官员士庶，俱出郊省坟，以尽思时之敬。车马往来繁盛，填塞都门。宴于郊者，则就名园芳圃，奇花异木之处；宴于湖者，则彩舟画舫，款款撑驾，随处行乐。此日又有龙舟可观，都人不论贫富，倾城而出，笙歌鼎沸，鼓吹喧天，虽东京金明池未必如此之佳。殢酒贪欢，不觉日晚。红霞映水，月挂柳梢，歌韵清圆，乐声嘹亮，此时尚犹未绝。男跨雕鞍，女乘花轿，次第入城。又使僮仆挑着木鱼、龙船、花篮、闹竿等物归家，以馈亲朋邻里。杭城风俗，侈靡相尚，大抵如此。

（节选自《梦粱录》宋·吴自牧著）

杂剧《晋文公火烧介子推》(剧情简介)

元·狄君厚

第一折：晋献公宠信骊姬，贬太子申生，为骊姬之子修改千尺高台，台上加筑宫殿，劳民伤财。大臣介子推上殿极谏，引商纣亡国之事为鉴戒。可是献公听不入耳，介子推退朝全身而去。

第二折：六宫大使王安，奉献公骊后之命，赍三般朝典，将太子申生赐死。王安心里是非分明，不忍下手。另有使臣来施加压力，申生终于自刎。申生死后，骊后与国舅又生计加害公子重耳。

第三折：介子推引着儿子回到介休庄宅，拜见老母。介子推训子，说做官不如做庄家安稳。公子重耳逃到介子推家，国舅跟踪而至。介子推之子介休替主自刎而死。介子推从重耳出亡。二人在风雪中绝粮，介子推割股肉以啖重耳。适有楚使来迎，重耳入楚，介子推回家侍母。

楔子：重耳回国为君，是为晋文公，封赏有功诸臣，却忘了介子推。介子推背母隐入绵山。

第四折：晋文公到绵山来聘介子推，子推不出。晋文公放火烧山，迫使介子推出山。可是介子推宁可焚身，也不肯出来。樵夫向晋文公叙述了火焚功臣的悲惨场景。最后，剧本以晋文公设祭作结。

清　明

丰子恺

清明例行扫墓，扫墓照理是悲哀的事。所以古人说："鸦啼雀噪昏乔木，清明寒食谁家哭。"又说："佳节清明桃李笑，野田荒冢只生愁。"然而在我幼时，清明扫墓是一件无上的乐事。人们借佛游春，我们是"借墓游春"。我父亲有八首《扫墓竹枝词》：

别却春风又一年，梨花似雪柳如烟。
家人预理上坟事，五日前头折纸钱。

风柔日丽艳阳天，老幼人人笑口开。
三岁玉儿娇小甚，也教抱上画船来。

双双画桨荡轻波，一路春风笑语和。
望见坟前堤岸上，松荫更比去年多。

壶榼纷陈拜跪忙，闲来坐憩树荫凉。
村姑三五来窥看，中有谁家新嫁娘。

周围堤岸视桑麻，剪去枯藤只剩花。
更有儿童知算计，松球拾得去煎茶。

荆榛坡上试跻攀，极目云烟杳霭闲。
恰得村夫遥指处，如烟如雾是含山。

纸灰扬起满林风，杯酒空浇奠已终。
却觅儿童归去也，红裳遥在菜花中。

解将锦缆趁斜晖，水上蜻蜓逐队飞。
享受一番春色足，野花载得满船归。

这里的"三岁玉儿"，就是现在执笔写此文的七十老翁，我的小名叫"慈玉"。

清明三天，我们每天都去上坟。第一天，寒食，下午上"杨庄坟"。杨庄坟离镇五六里路，水路不通，必须步行。老幼都去，我七八岁就参加。茂生大伯挑了一担祭品走在前面，大家跟他走。一路上采桃花，偷新蚕豆，不亦乐乎。到了坟上，大家息足，茂生大伯到附近农家去，借一只桌子和两只条凳来，于是陈设祭品，依次跪拜。拜过之后，自由玩耍。有的吃甜麦塌饼，有的吃粽子，有的拔蚕豆梗来做笛子。蚕豆梗是方形的，在上面挖几个洞，作为笛孔。然后再摘一段豌豆梗来，装在这笛的一端，笛便做成。指按笛孔，口吹豌豆梗，发音竟也悠扬可听。可惜这种笛寿命不长，拿回家里，第二天就枯干，吹不响了。祭扫完毕，茂生大伯去还桌子凳子，照例送两个甜麦塌饼和一串粽子，作为酬谢。然后诸人一同在夕阳中回去。杨庄坟只有一株大松树，临着一个池塘，父亲说这叫作“美人照镜”。现在，几十年不去，不知美人是否还在照镜。闭上眼睛，情景宛在目前。

正清明那天，上“大家坟”。这就是去上同族公共的祖坟。坟共有五六处，须用两只船，整整上一天。同族共有五家，轮流做主。白天上坟，晚上吃上坟酒。这笔费用由祭田开销。祖宗们心计长，恐怕长孙不肖，上不起坟，叫他们变成饿鬼。因此特置几亩祭田，租给农民。由谁家收租。雇船办酒之外，费用总有余裕，因此大家高兴做主。而小孩子尤其高兴，因为可以整天在乡下游玩，草地上吃午饭，船里烧出来的饭菜，滋味特别好。因为，据老人们说，家里有灶君菩萨。把饭菜的好滋味先尝了去，而船里没有灶君菩萨，所以船里烧出来的饭菜滋味特别好。孩子们还有一件乐事，是抢鸡蛋吃。每到一个坟上，除对祖宗的一桌祭品外，必定还有一只小匾，内设小鱼、小肉、鸡蛋、酒和香烛，是请地主的吃，叫作拜坟墓土地。孩子们中，谁先向坟墓土地叩头，谁先抢得鸡蛋。我难得抢到，觉得这鸡蛋的确比平常的好吃，上了一天坟回来，晚上是吃上坟酒。酒有四五桌，因为出嫁姑娘也都来吃。吃酒时，长辈总要训斥小辈，被训斥的，主要是乐谦、乐生和月生。因为乐谦盗卖坟树，乐生、月生作恶为非，上坟往往不到而吃上坟酒必到。

第三天上私房坟。我家的私房坟，又称为旗杆坟。去上的就是我们一家人，父母和我们姐弟数人。吃了早中饭，雇一只客船，慢吞吞地荡去。水路五六里，不久就到。祭扫期间，附近三竺庵里的和尚来问讯，送我们些春笋。我们也到这庵里去玩，看见竹林很大，身入其中，不见天日。我们终年住在那市井尘嚣中的低小狭窄的百年老屋里，一朝来到乡村田野，感觉异常新鲜，心情特别快适，好似遨游五湖四海。因此我们把清明扫墓当作无上的乐事。我的父亲孜孜兀兀地在穷乡僻壤的蓬门败屋之中度送短促的一生，我想起了感到无限的同情。

[清明画作]

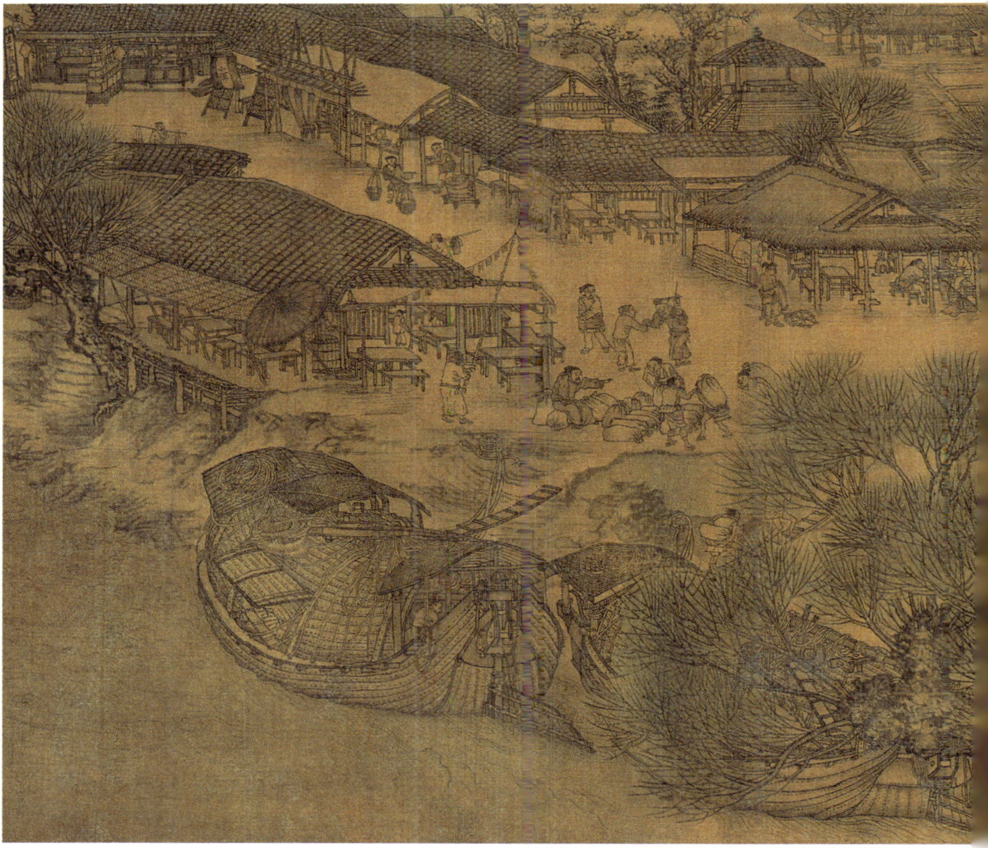

清明上河图

北宋张择端创作的《清明上河图》，是一幅举世闻名的绘画杰作。图为绢本，纵25.8厘米，横534.6厘米，浅设色。画卷描绘清明之际，发生于京师

上 《清明上河图》（局部） 宋·张择端

汴梁（今开封）郊外汴河上土桥及东角子门市廛通衢形形色色的场景。《清明上河图》共画人物684人，牲畜96头，房屋122间，树木174株，船25艘，车15辆，轿8顶，刻画工细，各如其分，笔精墨妙，文采斐然，真实反映了宋代清明时分的民俗风情。

游春图卷

隋朝展子虔所作的《游春图卷》绢本设色，纵43厘米，横80.5厘米 。此图在辽阔、平远的山川景色中点缀着人马和舟船，描绘了一派明媚的春天气息和士人踏青郊游的情景，充分体现了展子虔时代和他本人的山水画风与成就，反映了这一时期山水画的基本风貌。由他开创的青绿山水的端绪，给后世以深远影响。

《游春图卷》隋·展子虔

《虢国夫人游春图》唐 · 张萱

虢国夫人游春图

唐代宫廷画家张萱所作的《虢国夫人游春图》，绢本设色，宽52厘米，长148厘米。此画描绘了唐玄宗宠妃杨玉环的姐姐虢国夫人和秦国夫人及其侍从在春天出游的情景。作品表现了贵妇人们游春时悠闲从容的欢悦情绪，从一个侧面反映了当时上层社会的人们奢侈淫逸的享乐生活。画面里出游的行列呈前松后紧组合型的构图，统一中有着变化，使画面充满着节奏感和韵律感。

蹴鞠图

清代画家黄慎所作的《蹴鞠图》，立轴绢本设色，纵116.5厘米，横125.3厘米，天津历史博物馆藏。此图描绘了宋太祖与宋太宗、赵普以及大臣内侍玩蹴鞠的场面。图中宋太祖身着龙袍，与赵普正在争抢。人物用笔细劲削力，顿挫自如，有草笔行书之意。玩者之动态与观者之静态，相映成趣。人物神情刻画生动，笔意奇趣不俗。

《蹴鞠图》清·黄慎

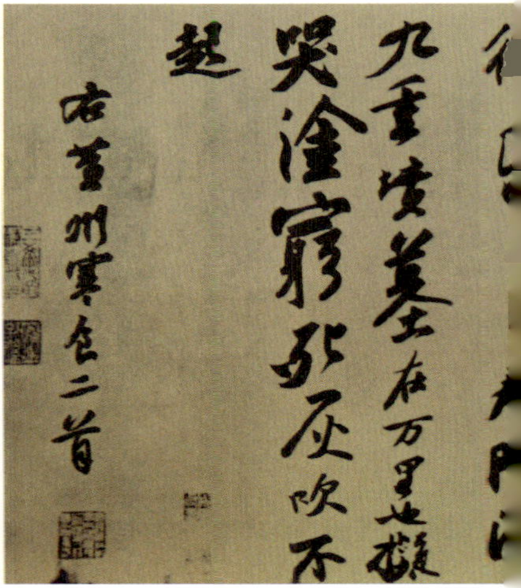

[清明书法]

黄州寒食诗帖

《黄州寒食诗帖》，纸本，25行，共129字，是苏轼行书的代表作。这是一首遣兴的诗作，是苏轼被贬黄州第三年的寒食节所发的人生之叹。诗写得苍凉多情，表达了苏轼此时惆怅孤独的心情。此诗的书法也正是在这种心情和境况下有感而出的。通篇书法起伏跌宕，光彩照人，气势奔放，而无荒率之笔。《黄州寒食诗帖》在书法史上影响很大，被称为“天下第三行书”，也是苏轼书法作品中的上乘。

【原文】自我来黄州，已过三寒食。年年欲惜春，春去不容惜。今年又苦雨，两月秋萧瑟。卧闻海棠花，泥污燕支雪。暗中偷负去，夜半真有力，何殊病少年，病起头已白。

春江欲入户，雨势来不已。小屋如渔舟，蒙蒙水云里。空庖煮寒菜，破灶烧湿苇。那知是寒食，但见乌衔纸。君门深九重，坟墓在万里。也拟哭途穷，死灰吹不起。

《黄州寒食诗帖》宋 · 苏轼

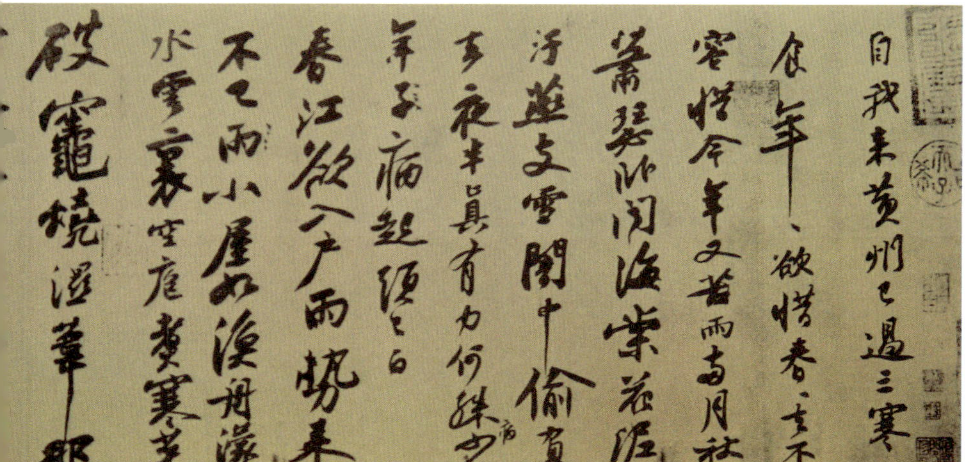

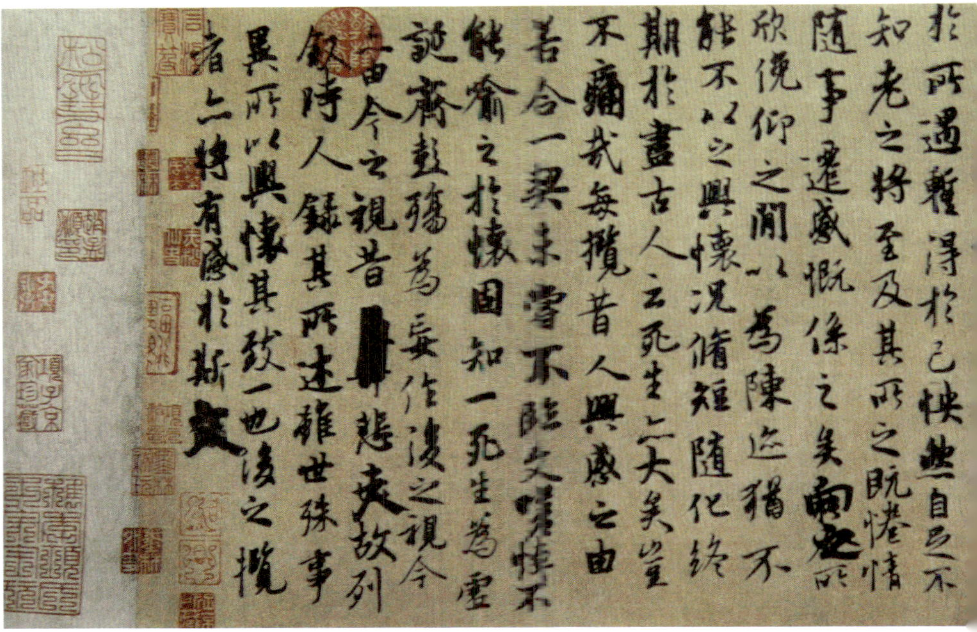

兰亭集序

《兰亭集序》有“天下第一行书”之誉，是中国历史上最杰出的书法家王羲之的代表作品。东晋永和九年（公元353年）三月三日，王羲之与谢安、孙绰等四十余人在山阴兰亭举行祓禊活动。参加雅集的多为当世名士，大家一道曲水流觞，饮酒赋诗，事后这些诗篇汇编成集，《兰亭集序》就是为这个诗集写的序文。总览全篇，行笔不激不厉，挥洒自如，收放有度，点画从容而神气内敛。自始至终流露着一种从容不迫、潇洒俊逸的气度，给人以高雅、清新、华美、蕴藉的艺术感受。从形质到神韵均成为后人学习行书的典范。《兰亭集序》书文并美，表现了晋人特有的超然玄远的深情与风采，为后人所称慕与景仰。

【原文】永和九年，岁在癸丑，暮春之初，会于会稽山阴之兰亭，修禊事也。群贤毕至，少长咸集。此地有崇山

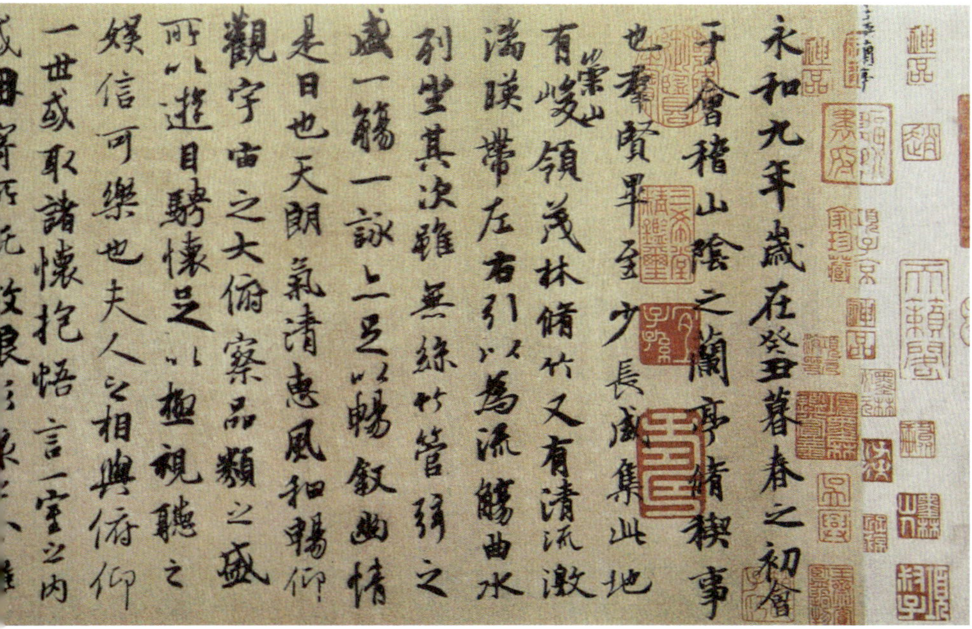

上 《兰亭集序》东晋 · 王羲之

峻岭，茂林修竹；又有清流激湍，映带左右，引以为流觞曲水，列坐其次。虽无丝竹管弦之盛，一觞一咏，亦足以畅叙幽情。是日也，天朗气清，惠风和畅。仰观宇宙之大，俯察品类之盛，所以游目骋怀，足以极视听之娱，信可乐也。

夫人之相与，俯仰一世。或取诸怀抱，悟言一室之内；或因寄所托，放浪形骸之外。虽趣舍万殊，静躁不同，当其欣于所遇，暂得于己，快然自足，不知老之将至；及其所之既倦，情随事迁，感慨系之矣。向之所欣，俯仰之间，已为陈迹，犹不能不以之兴怀，况修短随化，终期于尽！古人云，“死生亦大矣”，岂不痛哉？每览昔人兴感之由，若合一契，未尝不临文嗟悼，不能喻之于怀。固知一死生为虚诞，齐彭殇为妄作。后之视今，亦犹今之视昔。悲夫！故列叙时人，录其所述，虽世殊事异，所以兴怀，其致一也。后之览者，亦将有感于斯文。

后 记

为配合中央文明办、中国文联等单位联合主办的“我们的节日”系列主题文化活动的开展，中国民间文艺家协会组织编撰了关于传统节日的系列知识性、普及性小丛书。

本书系小丛书的一种。其中，冯骥才主席确定了全书的结构与框架，并撰写了序言，向云驹负责话说清明节的撰写，朱芹勤负责传说部分文字，王锦强负责风俗部分文字，刘晓路负责饮食部分文字，孔宏图负责游艺与文艺两部分文字及编务工作。高育武负责全书图片、插图工作。封面“节”字由庄默石篆刻。全书由向云驹、陈文军统稿。张亚静承担了本书的装帧与设计。冯骥才、罗杨、赵铁信分别对全书做了审定。由于时间紧迫，难免仓促，不足在所难免，希望读者批评指正。

编 者

图书在版编目(CIP)数据

清明 / 中国民间文艺家协会编. -- 银川 : 宁夏人民教育出版社, 2017.12

(我们的节日 / 冯骥才主编)

ISBN 978-7-5544-2373-8

Ⅰ. ①清… Ⅱ. ①中… Ⅲ. ①节日－风俗习惯－中国 Ⅳ. ①K892.18

中国版本图书馆CIP数据核字(2017)第294270号

我们的节日·清明

WOMEN DE JIERI · QINGMING

冯骥才 ◉ 主编

中国民间文艺家协会 ◉ 编

责任编辑 陈文军 李亚慧
特约编审 龙城顺
责任校对 向红伟
装帧设计 张亚静
责任印制 殷 戈

黄河出版传媒集团 宁夏人民教育出版社 出版发行

出 版 人 王杨宝
地 址 宁夏银川市北京东路139号出版大厦（750001）
网 址 http://www.yrpubm.com
网上书店 http://www.hh-book.com
电子信箱 jiaoyushe@yrpubm.com
邮购电话 0951-5014284
印刷装订 北京雅昌艺术印刷有限公司
印刷委托书号 （宁）0007191

开本 635 mm × 965 mm 1/16
印张 7 **字数** 100千
印数 5000册
版次 2017年12月第1版
印次 2017年12月第1次印刷
书号 ISBN 978-7-5544-2373-8
定价 29.80元
